JN298900

児童家庭福祉分析論

理論と制度を基盤として

井村圭壯・相澤讓治 編著

Child and Family Welfare Analytics

学文社

著者紹介 （執筆順）

石田　雅弘	奈良文化女子短期大学	(Ⅰ)
遠藤和佳子	関西福祉科学大学	(Ⅱ)
＊相澤　譲治	神戸学院大学	(Ⅲ)
＊井村　圭壯	岡山県立大学	(Ⅳ)
山村　靖彦	別府大学短期大学部	(Ⅴ)
若宮　邦彦	南九州大学	(Ⅵ)
川俣美砂子	福岡女子短期大学	(Ⅶ)
遠田　康人	成田国際福祉専門学校	(Ⅷ)
奥田眞紀子	奈良県立医科大学	(Ⅸ)
上村　裕樹	八戸短期大学	(Ⅹ)
山下智佳子	大阪国際大学短期大学部	(Ⅺ)
浦田　雅夫	京都造形芸術大学	(Ⅻ)
坂田　温志	浜松学院大学短期大学部	(ⅩⅢ)
武田　英樹	近畿大学豊岡短期大学	(ⅩⅣ)
潮谷　光人	奈良佐保短期大学	(ⅩⅤ)

＊は編者

はしがき

　現在，児童自身や児童を取り巻く家庭，学校，地域社会の状況はけっして良い状況にあるとはいえない．このことは，わが国のみでなく国際的に俯瞰しても自然災害や紛争に巻き込まれている児童が多く存在している．貧困のために労働を余儀なくされている児童たちが存在する．また，強制労働させられている児童たち，そして生存権さえ脅かされている状況がある．
　障がいや難病をかかえる児童たちの教育，福祉，医療，保健，生活保障も考えていかなければならないであろう．
　現代，児童のみを対象にするのではなく児童を含む家庭や地域全体を視野に入れた支援が求められている．本人自身がかかえる問題，本人と家族との関係性の問題，家族全体がかかえる問題，本人・家族と社会との関係性の問題などさまざまな生活課題があげられる．いずれにしてもエコロジカルな視点で把握し，支援していくことが大切である．

　本書は，児童，家庭，地域社会だけでなく，国際的視点も包含し，現代のグローバルな社会構造の状況で，児童家庭福祉の問題が発生し，顕在化しているなか，多様なファクターを関連づけて分析している．同時に，問題が形成される過程と原因にメスを入れ，有機的構造物である社会問題を利用者である児童，家族（家庭）の立場から分析を行っている．
　なお，本書は『児童福祉分析論』（2006年刊）を全面改訂したものである．既刊の『社会福祉分析論（第3版）』，『地域福祉分析論（第2版）』，『高齢者福祉分析論』のシリーズの第4巻に該当する．本書を含め，既刊の分析論シリーズ

を体系的に学んでいただければ幸いである．

　最後にお忙しいなかご執筆いただいた各位，そして学文社社長田中千津子氏に深く感謝いたします．

　2012年1月1日

編　者

目　次

はしがき　i

Ⅰ　児童家庭福祉の理論と権利保障

1．児童家庭福祉の理論　　　　　　　　　　　　　　　　　　　　　2
　§1　子どもという存在　2
　§2　児童福祉の成立と理念　3
2．児童家庭福祉の理念と価値　　　　　　　　　　　　　　　　　　5
　§1　児童家庭福祉の理念　5
　§2　児童家庭福祉の価値　5
3．児童家庭福祉における権利保障　　　　　　　　　　　　　　　　6
　§1　子どもの権利条約　6
　§2　親権に関する新たな枠組み　7
　§3　親権と子の権利の保障　8

Ⅱ　児童家庭福祉を取り巻く社会状況と福祉ニーズ

1．児童家庭福祉を取り巻く社会状況　　　　　　　　　　　　　　　12
2．児童家庭福祉の福祉ニーズ　　　　　　　　　　　　　　　　　　14
　§1　子どもと家族を取り巻くニーズの変化　14
　§2　「エンゼルプラン」から「子ども・子育てビジョン」へ　17

Ⅲ　児童家庭福祉の歴史（欧米）

1．イギリスにおける児童家庭福祉の歴史　　　　　　　　　　　　　24

2．アメリカにおける児童家庭福祉の歴史　　26
3．国際的な児童家庭福祉の歴史　　28

Ⅳ　児童家庭福祉の歴史（日本）

1．明治期以前の児童救済　　32
　§1　古代社会の児童救済　32
　§2　中世・封建社会の児童救済　32
2．近代国家の成立と児童救済　　34
　§1　公的救済　34
　§2　民間救済　34
3．大正・昭和前半期の児童保護　　36
4．第2次世界大戦後の児童福祉　　38
　§1　法体系の整備　38
　§2　施設・事業の整備　39
　§3　児童対策　39
　§4　障害児対策　39
5．平成期の少子化対策　　40

Ⅴ　児童家庭福祉の法律と行財政

1．児童家庭福祉の法律　　44
　§1　児童福祉六法　44
　§2　児童家庭福祉に関連する法律　47
2．児童家庭福祉の行財政　　50
　§1　児童家庭福祉の行政機関　50
　§2　児童家庭福祉の財政　52

Ⅵ　児童家庭福祉の実施体制と専門職

1．児童家庭福祉の実施機関　　58

§1　児童相談所　59
　　§2　福祉事務所　60
　　§3　保健所　61
2．児童家庭福祉の施設　61
　　§1　乳児院　62
　　§2　保育所　63
　　§3　児童厚生施設　63
　　§4　児童養護施設　64
　　§5　知的障害児施設　64
　　§6　重症心身障害児施設　65
3．児童家庭福祉の専門職　65
　　§1　児童家庭福祉固有のソーシャルワーカーとケアワーカー　66
　　§2　児童家庭福祉分野における関連領域の専門職　67
　　§3　ボランティアなどインフォーマルな領域における担い手　67

Ⅶ　保育サービス

1．保育サービスとは　70
　　§1　就学前児童のための保育・教育施設　70
　　§2　わが国の保育サービス　70
2．保育サービスの現状　72
　　§1　保育施設の種類　72
　　§2　多様な保育サービス　77
3．保育サービスの課題　80
　　§1　待機児童の問題　80
　　§2　保育サービスの質の確保　81

Ⅷ　子育て支援サービス

1．子育て支援サービスとは　86
2．子育て支援サービスの現状　87
　　§1　少子化対策の展開　87

§2　少子化対策の現状　　90
　3．子育て支援サービスの課題　　94
　　　§1　経済の活性化・労働力の確保　　94
　　　§2　「育児」と「育自」　　95
　　　§3　NPO法人の実践　　95

Ⅸ　母子保健支援サービス

1．母子保健支援サービスとは　　98
　　　§1　母子保健支援サービスの目的　　98
　　　§2　母子保健支援サービスの対象　　98
　　　§3　母子保健支援サービスのあゆみ　　99
2．母子保健支援サービスの現状　　100
　　　§1　わが国の母子保健の水準　　100
　　　§2　母子保健支援サービスの内容　　101
3．母子保健支援サービスの課題　　109

Ⅹ　児童の健全育成サービス

1．児童の健全育成サービスとは　　114
2．児童の健全育成サービスの現状　　115
　　　§1　子どもを取り巻く環境の変化　　115
　　　§2　児童の健全育成を支える環境　　117
　　　§3　児童文化　　123
3．児童の健全育成サービスの課題　　124

Ⅺ　虐待・家庭内暴力防止に関する支援サービス

1．虐待・家庭内暴力防止に関する支援サービスとは　　128
　　　§1　子ども虐待とは　　128
　　　§2　家庭内暴力（DV）との関連　　129
　　　§3　虐待防止の取り組み　　129

2．虐待・家庭内暴力防止に関する支援サービスの現状　　　　　　　130
　§1　子ども虐待の現状　130
　§2　子ども虐待対応の流れ　131
　§3　虐待予防としての子育て支援　136
　§4　家庭内暴力（DV）の現状と対策　138
　§5　暴力防止に関する啓発　138
3．虐待・家庭内暴力防止に関する支援サービスの課題　　　　　　　139
　§1　子ども虐待防止に関する課題　139
　§2　家庭内暴力（DV）防止に関する課題　140

XII　社会的養護に関する支援サービス

1．社会的養護に関する支援サービスとは　　　　　　　　　　　　　144
2．社会的養護に関する支援サービスの現状　　　　　　　　　　　　146
　§1　施設養護　146
　§2　家庭的養護　149
3．社会的養護に関する支援サービスの課題　　　　　　　　　　　　150

XIII　障害児・難病の児童への支援サービス

1．障害児・難病の児童への支援サービスとは　　　　　　　　　　　154
　§1　障害児・難病の児童に対する支援サービスの必要性　154
　§2　障害児とは　154
　§3　難病の児童とは　155
2．障害児・難病の児童への支援サービスの現状　　　　　　　　　　156
　§1　障害児の施設サービス　156
　§2　障害児の在宅サービス　160
　§3　難病の児童への支援サービス　164
3．障害児・難病の児童への支援サービスの課題　　　　　　　　　　166
　§1　すべての児童を対象とした支援体制の構築　166
　§2　さまざまな分野の連携による支援体制の充実　167
　§3　家族への支援体制の充実　167

XIV 非行防止に関する支援サービス

1．非行防止に関する支援サービスとは　170
 §1　非行少年への支援の視点　170
 §2　少年非行の位置づけ　171

2．非行防止に関する支援サービスの現状　172
 §1　非行少年の現状　172
 §2　非行少年への福祉的支援　172
 §3　児童自立支援施設　174
 §4　自立援助ホーム（児童自立生活援助事業）　174
 §5　少年サポートセンター，少年サポートチーム　174
 §6　少年法の改正　175

3．非行防止に関する支援サービスの課題　175

XV ひとり親家庭への支援サービス

1．ひとり親家庭への支援サービスとは　180
 §1　ひとり親家庭とは　180
 §2　母子家庭の現状　180
 §3　父子家庭の現状　182

2．ひとり親家庭への支援サービスの現状　184
 §1　母子及び寡婦福祉法　184
 §2　母子相談　185
 §3　母子福祉資金の貸付制度　185
 §4　母子福祉関係施設　186
 §5　児童扶養手当制度　186
 §6　母子家庭への就業支援　187
 §7　日常生活支援事業　188
 §8　父子家庭への支援　188

3．ひとり親家庭への支援サービスの課題　189

索　引　191

I

児童家庭福祉の理論と権利保障

1. 児童家庭福祉の理論

§1 子どもという存在

　子どもが，その年齢に応じて子ども特有の精神・身体的発達を辿るということが，人びとに認識・共有されたのは近年になってのことである．それ以前は「小さな大人」として見なされ，一部の富裕層の子どもを除き厳しい労働が幼い子どもにまで課せられていた．18世紀半ばになり，後に「子どもの発見」といわれたルソー（Rousseau, J. J.）の著書『エミール』が刊行されるが，それ以降も「小さな大人」という見方は社会で根強く支持されてきた．また余りにも過酷な状況を憂い，慈善者の手で子どもの救済・保護が行われるようになるが，これも今日でいうところの愛着形成や自立支援とはほど遠いものであった．スウェーデンのエレン・ケイ（Ellen Key）が「20世紀は子どもの世紀となるであろう」と述べた有名な言葉があるが，逆にいえば，19世紀末になっても子どもが大人の付属物でしかなかったことを物語っている．20世紀末近くには児童の権利に関する条約（子どもの権利条約）が国連で採択されるが，四半世紀近く過ぎた今も世界中では戦争被害や貧困などの過酷な環境に置かれている子どもは少なくない．

　では，わが国でいう「子ども」とはどのような存在なのであろうか．この答えが難しいのは，法律により年齢規定が異なることや，心身の発達面や権利面などからさまざまな子どもの見方ができるからである．そこで本章では，山縣文治の子どもの存在を参考にして[1]，子どもとは固有の人格をもち，また権利の主体的行使者として尊重されるとともに，社会により健全な発達が保障され，その未来に期待がもてるように支援される権利を有している存在とする．もち

ろん，心身の発達過程において大きく変化する「子どもの時期」を有していることは当然のことである．

§2 児童福祉の成立と理念

　本来，社会福祉は日本国憲法の基本的人権や幸福追求権などの諸権利を保障するためのものである．しかしこうした意味でなく，福祉の利用者に対して「税金で世話になっているくせに」という言葉が交わされるように，利用者の人権を辱め，否定するような意味合いで使われていることがある．こうした否定的感情が利用者に浴びせられるのは，その社会福祉の成立過程に由来している．古来，わが国では「お恵み」という言葉があるように，持てる者からの「施し」として恩恵的・慈善的な救済活動が行われてきた．そのことは真に止むを得ない者のみを救済対象とし，最低限度の保障で「すべてよし」とする論理を正当化する権力者側だけでなく，巧みに住民側の意識にも植え付けてきた．否定的感情はこの形成過程のなかで生まれ，今も「社会的排除」として陰湿な形で生き続けている．

　同様に，児童福祉も最初に救済対象としたのは貧困等の理由により親から遺棄された子どもである．しかもこれらの救済は，民間の慈善家の手に多くは委ねられ，細々と行われてきた．1874（明治7）年に「恤救規則」が公布されるが，「人民相互の情誼」を当然のものとしており，また子どものみを対象としたものではなかった．その後，子どもに関する法律として1900（明治33）年に感化法が，また1933（昭和8）年には児童虐待防止法が制定されるが，いずれも非行児や被虐待児などの特定の子どもへの対策として作られたものである．

　わが国に児童福祉という包括的概念が登場したのは，戦後の浮浪児対策も含めて，より子どもの福祉の増進を図る法律が必要となり，1947（昭和22）年に制定された児童福祉法が最初である．この法律では理念・責務・原理について次のように謳われている．

　第1条　すべて国民は，児童が心身ともに健やかに生まれ，且つ，育成され

るよう努めなければならない．
　　２　すべて児童は，ひとしくその生活を保障され，愛護されなければならない．
第２条　国及び地方公共団体は，児童の保護者とともに，児童を心身ともに健やかに育成する責任を負う．
第３条　前２条に規定するところは，児童の福祉を保証するための原理であり，この原理は，すべて児童に関する法令の施行にあたつて，常に尊重されなければならない．

　これらの条文内容からも分かるように，すべての子どもを視野に入れ，また国および地方公共団体の責務と原理を児童福祉法は明確にしている．そして「心身とも健やかに生まれ」とあるように，子どもだけでなくその母体となる母親をも対象としている．ただこの崇高な理念を掲げる法律は，その施策においては戦後処理や，それ以降の政策の貧困さから一部の施策を除き，半世紀にわたり保護を中心として展開されてきた．

　しかし，1976（昭和51）年の国際児童年，1994（平成6）年の国際家族年や子どもの権利条約（1989（昭和64）年に国連採択）への批准などによる子ども観の変化は，わが国の未曾有の急激な少子高齢化や子ども取り巻く環境の変化への対策と相まって，保護中心の児童福祉施策に大きな転換を強いることになる．このような背景のなかで新たな児童福祉のあり方が模索され，誕生したのが「児童家庭福祉」である．児童家庭福祉では過去の否定的感情（偏見・差別）から人びとを解き放ち，誰もが享有する人権を尊重し，より一般化・普遍化した福祉サービスの提供を受けることできる社会をめざしている．

2. 児童家庭福祉の理念と価値

§1 児童家庭福祉の理念

児童家庭福祉法という独自の法律がないため，記述された理念も今のところない．そのため，児童家庭福祉の理念は，児童福祉法の理念と国際法である子どもの権利条約（とりわけ能動的権利面を強調したもの）を合わせ，一般的にその理念として説明されていることが多い．その理由は，児童福祉法では「生活を保障され，愛護されなければならない」と受動的権利（能動性をまったく否定したものではないが）については明確に謳われており，また1957（昭和33）年に制定された児童憲章では子どもの人格尊重も謳われている．しかし，それらには「子どもの意見表明権」のような能動的権利を積極的に表現したものが見当たらないため，子どもの権利条約が，児童福祉法の理念をより強化・支持するものとして用いられるからである．とくに，子どもの権利条約全体に込められている「子どもが権利主体者である」とした能動的権利と権利性への言及は，「子どもの最善の利益」とともに，大きな価値を持つものとして常に引用され，説明に使われている．

§2 児童家庭福祉の価値

児童家庭福祉の目標を説明するキーワードがウェルビーイング（well-being）である．ウェルビーイングは1946年WHO憲法草案において，「良好な状態」を表す用語として用いられ，社会福祉の分野では旧来の福祉（ウェルフェア：Welfare）と対比して使用されることが多い．この場合，ウェルフェアは救貧的，慈恵的で，補完や代替的に行われてきた支援などを指し，ウェルビーイングはそれらと対極にある支援の包括的概念として使用されることが多い．たとえば，保育所を利用する場合，過去には「保育に欠ける児童」が措置対象となり，その申請は福祉事務所で審査，決定されてきた．当然，そこでは保育所を

自由に選択する権利は保護者側になく，具体的な保育サービス内容に基づいての契約もなかった．しかしウェルビーイングでは，保育を希望する保護者なら誰でも自由に保育所を選択利用（現状は保育所不足から待機児増で選択どころではないが）でき，またそのサービス内容の提示を求めることを可能としている．

また，わが国では未曾有の急激な少子化社会に突入しており，その対策が喫緊の課題となっている．そのため1994（平成6）年の「エンゼルプラン」から始まる子育て支援計画が実施されている．直近に策定された2009（平成21）年の「子ども・子育てビジョン」では基本的姿勢とめざす社会として次のような項目が掲げられている．

基本的姿勢：① 社会全体で子育てを支える
　　　　　　② 「希望」がかなえられる
めざす社会：① 子どもの育ちを支え，若者が安心して成長できる社会へ
　　　　　　② 妊娠，出産，子育ての希望が実現できる社会へ
　　　　　　③ 多様なネットワークで子育て力のある地域社会へ
　　　　　　④ 男性も女性も仕事と生活が調和する社会へ

従来，子育てはきわめて私的な行為と見なされ，支援が組み立てられてきたが，児童家庭福祉では社会が積極的に子育てを支援していくことが基本姿勢となっている．その基本となるのは，あくまでも「チルドレン・ファースト（子どもが主人公）」である．したがって，児童家庭福祉は子どもの人権尊重のもと，社会が子どもと家族を総合的に支援していくことで，より健康で幸福な状態（ウェルビーイング）を実現することをめざしている．

3. 児童家庭福祉における権利保障

§1 子どもの権利条約

子どもの権利条約は，児童の権利宣言（1959年）の30周年にあたる1989年

11月に国連が採択した条約である．条文は前文と54条からなり，子どもの権利に関する包括的な内容が記載されている．そこで本条約で強調された条文の一部を紹介する．

子どもの権利条約　第3条（児童の最善の利益）
① 児童に関するすべての措置をとるに当たっては，公的若しくは私的な社会福祉施設，裁判所，行政当局，又は立法機関のいずれかによって行なわれるものであっても，児童の最善の利益が主として考慮されるものとする．

同条約　第12条（意見表明権）
① 締結国は，自己の意見を形成する能力のある児童がその児童に影響を及ぼすすべての事項について自由に自己の意見を表明する権利を確保する．この場合において，児童の意見は，その児童の年令および成熟度にしたがって相当に考慮されるものとする．

これ以外にも，子どもの生存・保護などに関しても言及しており，また親が子どもの養育の第一義的責任を担うことも明記されている．

§2　親権に関する新たな枠組み

2011（平成23）年5月に親権を最長2年間停止（親権一時停止）できる改正民法が成立した．この親権の一時停止は，きわめて限られた事象を想定したもので，一般の人にはこのような法制度がなぜ必要なのか理解しにくい面があるだろう．しかし，この改正は子どもの権利保障を考えるうえで重要な要素を含んでいるため本節で紹介する．

本改正は，親が親権を濫用して子どもを虐待し，親としての責任を果たさない時に，活用されることを想定して制定されたものである．具体的には，親が自分の信念や宗教上の理由等で，子どもが病気であるにもかかわらず適切な医療行為を受けさせない場合，現行法では親権喪失宣言の請求（民法834条）で対応するしかなかった．しかし，親権のいちじるしい濫用といっても，その程度

までは規定しておらず，申立者（児童相談所長や親族）にとっては非常に申し立てしにくい法律であった．また児童虐待という事件の性格上，子どもの安全確保に一刻を争うことが多く，一方で期間が設定されていない親権喪失は親子関係を断絶，最悪の場合には親子の縁を一生涯切るということになりかねないため，その決断をする当事者にとっては非常に重いものがあった．親権の一時停止はこうした問題を解消し，一定の期間がくれば親権の回復が可能となるため実務的に有効視されている制度である．そこで，次に親権と子の権利の保障の関係について述べる．

§3】 親権と子の権利の保障

親権とは，親が自由勝手に子どもを扱っていいというものではない．子どもを適切に監護し，養育していくための親の権利であり，義務でもある．このことは民法第818条に「未成年の子は父母の親権に服すること」や同第820条には「親権を行う者は，子の監護及び教育をする権利を有し，義務を負う」と記載されていることからもわかる．しかし，この第820条の監護教育の権利義務以外にも，居所指定権（821条），懲戒権（822条），職業許可権（823条），財産管理権と代表権（824条）があり，条文全体から与えるイメージは親の権利性の強さである．とくに，問題となるのが懲戒権である．虐待する親がこの条文の趣旨を曲解して，虐待行為を正当化することが多く，今回の法改正の契機となった条文のひとつである．

こうした親の権利性（義務側面も含めて）を尊重しながらも，「子の利益」を明確にしたのが今回の法改正である．そのことは，親権喪失等の申立においても，従来の親族，検察官，児童相談所長に加え，「子ども」からも可能としたことでも明らかである．つまり，「子どもの意見表明権」を尊重した改正となっている．また同時に改正された民法第766条の離婚後の子の監護に関する事項の定めでは「子の利益を最も優先して考慮する」と加えられたように，「最善の利益」を意識したものとなっている．

参考文献
山縣文治『児童福祉論』ミネルヴァ書房，2005 年
第 12 回社会保障審議会児童部会　社会的養護専門委員会資料「社会的養護の課題と将来像（案）」2011 年 7 月 11 日　http://www.mhiw.go.jp.
山縣文治編著『子ども家庭福祉』日本図書センター，2010 年
厚生労働省　社会保障審議会児童部会児童虐待防止のための親権の在り方に関する専門委員会　報告書『児童の権利利益を擁護するための方策について』2011 年 1 月 28 日
井村圭壯・相澤譲治編著『児童家庭福祉の理論と制度』勁草書房，2011 年

II

児童家庭福祉を取り巻く社会状況と福祉ニーズ

1. 児童家庭福祉を取り巻く社会状況

　1945（昭和20）年に終戦を迎えた日本は，1950年代以降，復興を果たしていく．とくに朝鮮戦争の軍需景気をきっかけにして始まった経済成長には，目をみはるものがあった．1960年代にも，ベトナム戦争，東京オリンピック，大阪万博による特需があり，日本の経済成長は持続し，「高度経済成長」の時代を迎えることになったのである．日本の産業構造は，農林水産業などの第1次産業を中心とするものから，鉱工業などの第2次産業を中心とするものへと大きく変化することになる．

　この時代，人びとの暮らしが経済的に豊かになったことは事実である．しかし，人びとの暮らしが豊かになる一方で，多くの問題が生じるようになった．たとえば多くの人びとが農林水産業から離れていき，工場が密集する都市部へと移住するようになったことが挙げられるだろう．都市部では人口の過密化が生じ，農村地域，山間部地域，漁村地域では人口の過疎化が生じるようになったのである．

　都市への急激な人口移動により，近隣にどんな人間が住んでいるのかさえ分からないことが当たり前のような状況が生じた．人びとは十分な人間関係を築くことさえままならず，冷たい「都市的なまなざし」にさらされながら生きていかざるを得なくなった（人間関係の都市化）．住宅問題や交通戦争もまた，深刻なものとなった．他方，農林水産業を中心とする地域では，地域社会をささえていかなければならない若者たちが減少し，地域共同体（コミュニティ）の力が弱まるといったケースも目立つようになった．

　受験戦争が激化するのも，1970年代のことである．この頃，子どもたちの

間で塾通いが一般化し，子どもたちから遊ぶ時間ばかりか，遊ぶ仲間まで奪うことにもなった．さらには，経済成長に目をうばわれるあまり，自然環境にあまり配慮しなかった結果，工場の大気汚染や水質汚染が人びとに深刻な影響を及ぼすようにもなった．こうして，子どもたちが豊かな自然にふれながら遊ぶことのできた多くの場所（空間）も，失われてしまった（遊ぶ仲間，遊ぶ時間，遊ぶ空間という「3つの"間"の消失」）．

だが日本を「豊かな社会」にした高度経済成長も，1970年代中頃には終わりを迎える．同時に，日本の社会・経済状況にも，新たな変化が訪れる．たとえば産業構造は，その比重を，鉱工業を中心とする第2次産業から，ソフトウェアの開発や人びとに対するサービスを中心とする第3次産業に移していった．脱工業社会（ポストインダストリアル・ソサイエティ）の到来である．それに伴って人びとの価値観も，「物質主義」的なものから「脱物質主義」的なものへと変化し始めた．人びとの価値観は，経済的な繁栄や物質的な享受を重視する価値観から，自己実現や自己表現を重視する価値観へ，「物の豊かさ」を重視する価値観から「こころの豊かさ」を重視する価値観へと変わってきたのである．

「こころの豊かさ」をめざす中で，女性も自らの生き方を主体的に模索し始め，社会進出を積極的に果たすようになった．かつて女性たちは，20歳代中頃に結婚するとともに離職し，子どもを生み，育て終わるとともに再就職するというライフサイクルをたどる人が多かったが，人びとのライフスタイルが多様化するとともに，女性も多様なライフサイクルのもとで，家庭だけではなく社会においても生きがいを見出すようになる．そのため共働き家庭が増え，保育ニーズも高まり多様化した．

さらには1990年半ば以降，バブル経済の好景気が終わり，長い不況期へと突入していく．この頃インターネットや携帯電話が爆発的に普及し，ネット社会が出現した．子どもたちがネット上でいじめを受けたり，人間関係に悩まされたりするケースが増え始め，子どもたち自身やその家庭に深刻な影響を与え

るようになった．ゲームソフトの普及も子どもの遊び場所や遊び仲間を減らし，子どもたちを室内遊びに追いやったのである．

2. 児童家庭福祉の福祉ニーズ

§1　子どもと家族を取り巻くニーズの変化

　社会・経済状況が変化するにつれて，子どもと家族を取り巻くニーズも時代とともに変化している．以下では，とくに，(1)少子化，(2)家族の変容，(3)家庭における子どもの養育力の低下，(4)子ども虐待ケースの増加にしぼって説明する．

(1) 少子化

　現在，わが国では，深刻な少子化問題に直面している．合計特殊出生率を見ても，非常に低いものとなっている．合計特殊出生率とは，15歳から49歳までの女性の年齢別出生率を合計したもので，その年の年齢別出生率で計算するとした場合，女性が一生の間に生む平均の子ども数に相当する．人口を一定に維持していくための合計特殊出生率は，2.08であるといわれている．この数値を下回ると現在の人口を維持できず，人口が減少するとされる．

　厚生労働省の調査結果を見ると，1947（昭和22）年の第一次ベビーブーム時の合計特殊出生率は4.32であり，1971（昭和46）年の第二次ベビーブーム時の合計特殊出生率は2.16であった．出生率が非常に低かった1966（昭和41）年における「ひのえうま」の年でさえ，その値は1.58にとどまっていた．それが2003（平成15）年には，とうとう1.30の値を下回ってしまい，2005年には1.26にまで減少した．2006年度以降では景気が少し回復したこともあって，上昇方向へ転じ，2009年には1.37，2010年では1.39となった．しかしながら少子化の流れ自体は続いており，こうした少子化という文脈のなかで，家族の力も大きく弱まっているといえよう．児童家庭福祉では，この対策がニーズとして

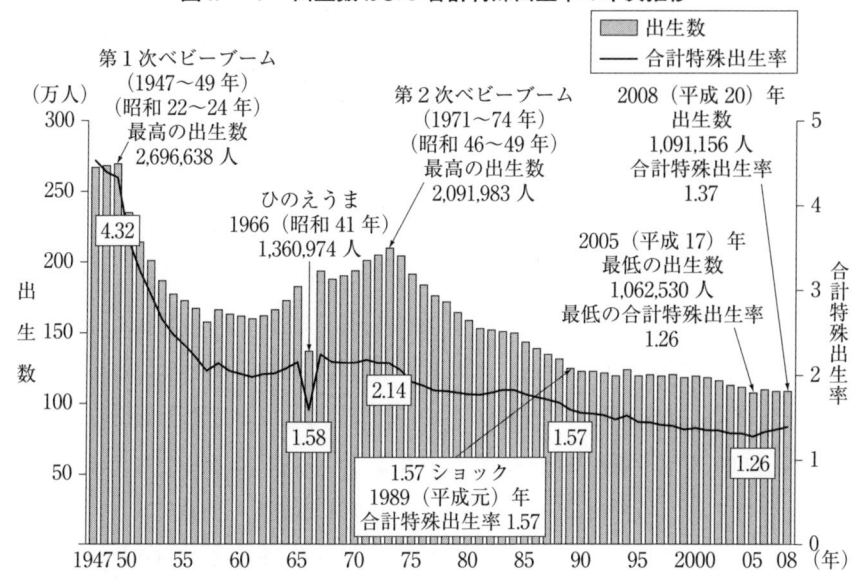

図Ⅱ—1　出生数および合計特殊出生率の年次推移

凡例：出生数（棒グラフ），合計特殊出生率（折れ線）

- 第1次ベビーブーム（1947〜49年）（昭和22〜24年）最高の出生数 2,696,638人　合計特殊出生率 4.32
- ひのえうま 1966（昭和41年）1,360,974人　合計特殊出生率 1.58
- 第2次ベビーブーム（1971〜74年）（昭和46〜49年）最高の出生数 2,091,983人　合計特殊出生率 2.14
- 1.57ショック　1989（平成元）年　合計特殊出生率 1.57
- 2005（平成17）年　最低の出生数 1,062,530人　最低の合計特殊出生率 1.26
- 2008（平成20）年　出生数 1,091,156人　合計特殊出生率 1.37

資料）厚生労働省「人口動態統計」
注）1947〜1972年は沖縄県を含まない．
出所）内閣府『子ども・子育て白書（平成22年版）』2010年，p.34

早急に求められているのである．

(2) 家族の変容

　一世帯，平均，何人家族なのかを表す平均世帯人員の統計を見ると，日本は戦前5人を上回っていた．現在は3名を下回り，親の世帯とその子どもの世帯が同居するような大人数の拡大家族は少なくなっている．1960年代から1970年代の高度経済成長期を経て拡大家族が衰退し，親と1〜2名程度の未婚の子どもからなる少人数の核家族が主流になってきたのである．

　女性のライフサイクルも，20歳代中頃に結婚と同時にいったん離職し，「専業主婦」となって，子育てを終えるとともに再就職し夫婦で老後の余生を過ごすあり方が一般的だとされるようになった．子どもも，「一個の独立した人格，独立した主体」というよりも，家庭のなかで「保護されるべき対象」と考えら

れていた。こうした女性観や子ども観に支えられた家族のあり方を「近代家族」という。だが現代、こうした「近代家族」のかたちは、次第に崩れつつある。人びとのライフスタイルが多様化し、社会のなかで活躍する女性が増えるようになるとともに、共働き家庭が多くなっているのである。また離婚率も上昇し、ひとり親家庭の増加も目立つ。

さらに現代の家族構造において、目立つようになってきたのが「単身世帯」である。国勢調査によると、50歳時の未婚率である生涯未婚率も、高度経済成長期における1975年と2010年を比較すると、男性は2.1%から19.4%へ、女性は4.3%から9.8%に上昇し、非婚者や未婚者が増加していることが見て取れる。これは、価値観として結婚にしばられなくなってきたこともあるだろうが、経済的な不況のなかで結婚したくても難しい状況にあることも大きな要因として挙げられるのではないだろうか。不況のもとで個人所得が減り、非婚化する状況や、結婚し子どもをもうけたとしても貧困にあえぐという状況は、子どもたちやその家庭に暗い影を落としているのだ。

共働き家庭やひとり親家庭の保育ニーズを満たしたり、貧困家庭に対して経済的な支援を行ったりしていくことは児童家庭福祉の重要な課題となっている。

(3) 家庭における子どもの養育力の低下

家族のあり方が変容するとともに、現在、育児不安や育児ストレスにおちいる人が増えている。かつての大家族では子育ても、祖父母、おじ、おば、兄弟といった多様な人びとによって担われていたが、核家族化することで家族の結びつきが弱まり、子育てについて誰に相談することもできなくなり、孤立感をつのらせてしまうケースが増加している。そのため育児を過度に負担に感じノイローゼになるケースも生じ、その結果、子ども虐待へといたっている。

もちろん、「家庭における子どもの養育力の低下」はそれにとどまるものではない。保護者による過保護・過干渉・過期待、親子間のコミュニケーションの欠如あるいは過多といった現象に見られるように、家庭において適切な関係

性を築けていないことも，家庭における子どもの養育力を低下させている一因となっているのである．モンスター・ペアレントの問題もこうしたことと無関係ではないだろう．それゆえ社会をあげて子育て支援を行っていくことが現在，切実に求められているのだ．

(4) 子ども虐待ケースの増加

家庭における子どもの養育力が低下したことによって，虐待のために，その短い命をおとす子どもたちが後をたたない．たとえ生命まで奪われることがなくても，虐待は身体的にも精神的にも，子どもたちに対して深刻な傷痕を残すのである．

厚生労働省の調査によると，全国の児童相談所で取り扱ったケースのうち，「虐待」として処理されたものは，1990（平成2）年では1,101件であったのが，翌年1991（平成3）年には1,171件，1992（平成4）年には1,372件と次第に増加する傾向にあった．その後も虐待件数の増加傾向は変わらず，1999（平成11）年には11,631件と1万件を超え，2010（平成22）年には55,152件となっている．

もちろん，以前は虐待への社会的関心が低く，相談・通報されなかったケースもあり，以前とくらべ子ども虐待の件数が増加したと単純にはいえない．だがそれでも，その数字の多さは見過ごすことのできないものであろう．数字の多さだけではない．その内容も身体的・心理的に医学的な治療を緊急に必要とするなど，次第に深刻化しているのである．

§2 「エンゼルプラン」から「子ども・子育てビジョン」へ

これまで児童家庭福祉の施策は，さまざまに展開されてきた（図Ⅱ−2）．

たとえば，1994（平成6）年12月16日には，厚生・文部・労働・建設の4大臣合意による「今後の子育て支援のための施策の基本的方向について」（エンゼルプラン）が策定された．「エンゼルプラン」では，育児不安や育児ストレスをはじめとする育児をめぐる負担を軽減し，育児を喜びと感じ，家庭が子ど

図Ⅱ—2 「エンゼルプラン」から「子ども・子育てビジョン」へ

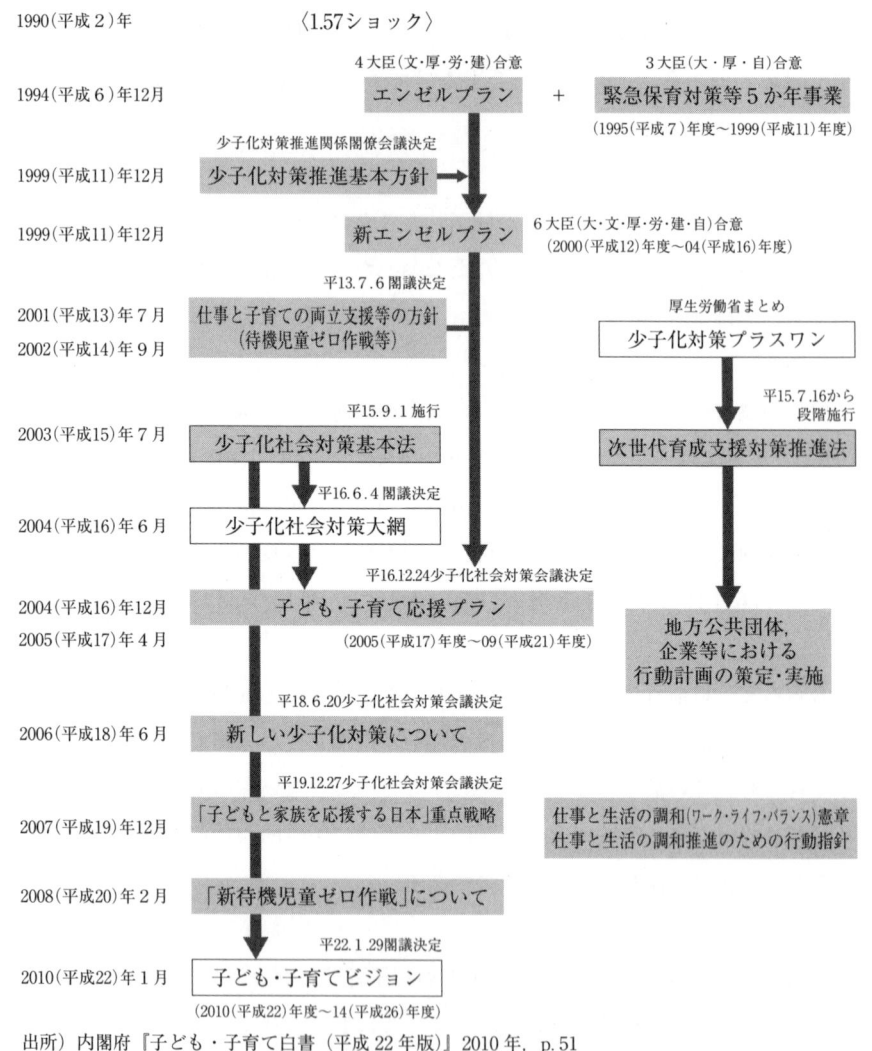

1990(平成2)年	〈1.57ショック〉	
1994(平成6)年12月	4大臣(文・厚・労・建)合意 エンゼルプラン ＋	3大臣(大・厚・自)合意 緊急保育対策等5か年事業 (1995(平成7)年度〜1999(平成11)年度)
1999(平成11)年12月	少子化対策推進関係閣僚会議決定 少子化対策推進基本方針	
1999(平成11)年12月	新エンゼルプラン	6大臣(大・文・厚・労・建・自)合意 (2000(平成12)年度〜04(平成16)年度)
2001(平成13)年7月 2002(平成14)年9月	平13.7.6閣議決定 仕事と子育ての両立支援等の方針 (待機児童ゼロ作戦等)	厚生労働省まとめ 少子化対策プラスワン
2003(平成15)年7月	平15.9.1施行 少子化社会対策基本法	平15.7.16から段階施行 次世代育成支援対策推進法
2004(平成16)年6月	平16.6.4閣議決定 少子化社会対策大綱	
2004(平成16)年12月 2005(平成17)年4月	平16.12.24少子化社会対策会議決定 子ども・子育て応援プラン (2005(平成17)年度〜09(平成21)年度)	地方公共団体，企業等における行動計画の策定・実施
2006(平成18)年6月	平18.6.20少子化社会対策会議決定 新しい少子化対策について	
2007(平成19)年12月	平19.12.27少子化社会対策会議決定 「子どもと家族を応援する日本」重点戦略	仕事と生活の調和(ワーク・ライフ・バランス)憲章 仕事と生活の調和推進のための行動指針
2008(平成20)年2月	「新待機児童ゼロ作戦」について	
2010(平成22)年1月	平22.1.29閣議決定 子ども・子育てビジョン (2010(平成22)年度〜14(平成26)年度)	

出所) 内閣府『子ども・子育て白書(平成22年版)』2010年，p.51

もにとって安全で安定した育ちの環境となるような支援が行われるように方向づけられ，具体的な施策として，仕事と育児との両立のための雇用環境の整備，多様な保育サービスの充実などが示されている．さらに1999(平成11)年

12月19日には，大蔵・文部・厚生・労働・建設・自治の6大臣合意のもとで子育て支援の充実や母子保健医療体制の整備を中心に，「重点的に推進すべき少子化対策の具体的計画」（新エンゼルプラン）が策定されている．

　その後，2003（平成15）年には，少子化に的確に対処するため「少子化社会対策基本法」が制定され，それに基づいて2004（平成16）年に「少子化社会対策大綱」が閣議決定された．ここでは，4つの重点課題が提示されている．それは，①若者の自立とたくましい子どもの育ち，②仕事と家庭の両立支援と働き方の見直し，③生命の大切さ・家庭の役割等についての理解，④子育ての新たな支え合いと連帯である．また2006（平成18）年には「新しい少子化対策」において，家族・地域のきずなの再生等が内容に盛りこまれている．2007（平成19）年には「『子どもと家族を応援する日本』重点戦略」において，人びとの働き方を見直し，仕事と生活の調和（ワーク・ライフ・バランス）を考え，親の就労と子育てを両立していくことが目標にされている．

　これらの施策をへて2010（平成22）年には，「子ども・子育てビジョン」において，家庭だけではなく地域社会を含め「社会全体で子育てを支える」こと，格差や貧困を解消し人びとの「『希望』がかなえられる」ことを基本的な考え方とし，政策において4つの柱が立てられている（図Ⅱ-3）．それは，①「子どもの育ちを支え，若者が安心して成長できる社会へ」，②「妊娠，出産，子育ての希望が実現できる社会へ」，③「多様なネットワークで子育て力のある地域社会へ」，④「男性も女性も仕事と生活が調和する社会へ（ワーク・ライフ・バランスの実現）」である．

　少子化や子ども虐待，地域社会や家族のきずなの再生，貧困問題等，これらは子どもや家族の枠内だけにとどまらず，社会的な広がりを有する視野で考えるべき福祉の問題である．そうした福祉の問題に適切に対応していくことが，現在の児童家庭福祉のニーズとなっている．そのことが，以上の施策の内容からも見て取れるだろう．

図 II-3 「子ども・子育てビジョン」の概要

家族や親が子育てを担う　→　社会全体で子育てを支える
《個人に過重な負担》　　　　《個人の希望の実現》
●子どもが主人公（チルドレン・ファースト）　●「少子化対策」から「子ども・子育て支援」へ　●生活と仕事と子育ての調和

1　社会全体で子育てを支える
○子どもを大切にする
○ライフサイクル全体を通じて社会的に支える
○地域のネットワークで支える

2　「希望」がかなえられる
○生活、仕事、子育てを総合的に支える
○格差や貧困を解消する
○持続可能で活力ある経済社会が実現する

3つの大切な姿勢
子どもと子育てを応援する社会
基本的考え方

◎生命（いのち）と子育てを大切にする　◎困っている声に応える　◎生活（くらし）を支える

めざすべき社会への政策4本柱と12の主要施策

1. 子どもの育ちを支え、若者が安心して成長できる社会へ
(1) 子どもを社会全体で支えるとともに、教育費の負担を
・子ども手当の創設
・高校の実質無償化
(2) 意欲をもって就業と自立に向かえるように
・奨学金の拡充、学校の教育環境の整備
・非正規雇用対策の推進、若者の就職支援
(3) 生活に必要な知など学ぶ機会を
・学校・家庭・地域の連携、地域ぐるみで子どもの教育に取り組む環境整備

2. 妊娠、出産、子育ての希望が実現できる社会へ
(4) 安心して妊娠・出産できるように
・妊婦健診の公費負担
・早期の妊娠届出の勧奨、妊娠・出産・人工妊娠中絶等
・不妊治療に関する相談等体制の整備
(5) 誰もが希望する保育サービスを受けられるように
・潜在的な保育ニーズに対応した保育サービスの提供と保育を視野に入れた保育所待機児童の解消に向けた包括的な制度の構築に向けた検討
・新たな次世代育成支援のための包括的・一元的な制度の構築に向けた検討
・幼保一体化を含む新たな保育の仕組みの検討（幼保一体化）
・放課後児童クラブの推進、放課後児童教室の充実
(6) 子どもの健康を安全を守り、安心して医療にかかれるように
・小児医療の体制整備の確保
(7) ひとり親家庭の子どもが困らないように
・ひとり親家庭への子ども手当の支給、生活保護の母子加算
(8) 特に支援が必要な子どもが健やかに育つように
・障害のある子どもへのライフステージに応じた一貫した支援の強化
・児童虐待の防止、家庭的養護の推進（ファミリーホームの拡充等）

3. 多様なネットワークで子育て力のある地域社会へ
(9) 子育て支援の拠点やネットワークの充実が図られるように
・乳児家庭全戸訪問事業（こんにちは赤ちゃん事業）
・地域子育て支援拠点の設置促進
・ファミリー・サポート・センターの普及促進
・商店街の空き店舗や学校の余裕教室・幼稚園の活用
・NPO法人等の地域子育て活動の支援
(10) 子どもが住まいやすいまちの中で安全・安心にくらせるように
・良質なファミリー向け貸住宅の供給促進、子育て世帯にやさしいトイレの普及等
・子育てバリアフリーの推進（段差の解消、子育て世帯にやさしいトイレの普及等）
・交通安全教育の推進と生活が調和する社会へ（幼児二人同乗用自転車の安全利用の普及等）

4. 男性も女性も仕事と生活が調和する社会へ（ワーク・ライフ・バランスの実現）
(11) 働き方の見直しを
・仕事と生活の調和（ワーク・ライフ・バランス）憲章」および「行動指針」に基づく取組の推進
・長時間労働の抑制および年次有給休暇の取得促進
・テレワークの推進
・男性の育児休業の取得促進（パパ・ママ育休プラス）
(12) 仕事と家庭が両立できる職場環境の実現を
・育児休業や短時間勤務制度の定着
・一般事業主行動計画（次世代育成支援対策推進法）の策定・公表の促進
・次世代認定マーク（くるみん）の周知、取組促進
・入札手続等における対応の検討

出所：内閣府『子ども・子育て白書（平成22年版）』2010年, p. 24

参考文献
遠藤和佳子・松宮満編『児童福祉論』ミネルヴァ書房, 2006年
柏女霊峰『子ども家庭福祉論』誠信書房, 2009年
内閣府『子ども・子育て白書(平成22年版)』2010年
福田公教・山縣文治編著『児童家庭福祉』ミネルヴァ書房, 2010年
山縣文治『児童福祉論』ミネルヴァ書房, 2005年

III

児童家庭福祉の歴史（欧米）

1. イギリスにおける児童家庭福祉の歴史

　児童家庭福祉分野だけではなく，社会福祉領域全般においてイギリスは，先駆的取り組みをしてきた歴史がある．

　最初の国家的救貧政策といえるエリザベス救貧法（1601 年）では，救済の対象は ① 労働能力のある貧民，② 労働能力のない貧民，③ 扶養が保障されている児童，と限定された．身寄りのない乳幼児は，救貧院に収容され，扶養が保障されない児童は，従弟にされたり，強制的に労働をさせられた．救貧院への収容という救済は，以降続いていくことになる．いわば働くことが子どもの使命だったのである．子どもは「大人の小型版」としてみなされ，また教育を必要とする存在としても捉えられていなかった．

　18 世紀半ば，産業構造の変化（工業化）等の産業革命のため生産力が飛躍的に増大した．機械を使う工場では，低賃金で働くことができる女性や子どもが労働者となっている．多くの児童が，炭鉱や工場で 1 日 15 時間以上働いている．たとえば，エンゲルスの『イギリスにおける労働階級の状態』（1846 年）に児童労働を含め当時の労働者の実態が述べられている．このような劣悪な環境に対して，「工場法」（1833 年）を制定し，13 歳未満の児童の労働時間の制限や教育を与える義務を資本家に課した．1833 年の工場法は，「徒弟の健康と道徳を維持する法律」（1802 年）を先駆とし，児童への教育の視点が導入されている．

　この時期，木綿紡績工場主であったロバート・オーエン（Owen, R.）は，当時の労働者の実態に目を向け，「性格形成学院」（1816 年）を設立している．これは保育所の原形といわれ，環境が人間の性格を決定するという彼の考えに基

づいてつくられた幼児施設である．その後，救貧法が改正（1834年）され，院内救済が原則とされた．

イギリスにおける児童養護の先駆者として有名なのがバーナード（Barnard, J. J.）である．彼は，ロンドンで孤児たちを集めた施設であるバーナードホームを設立（1870年）している．バーナードホームでは，小舎制を採用し，年齢や能力によって小グループに分けた養護を実施している．「児童のために，ドアはいつでも開けている」がバーナードホームのスローガンであった．また，5～9歳までの児童を里子に出し，里子にだされた児童は12～13歳になったころにホームに戻り，職業訓練を受けた．

その後，イギリスでは子どもを「次代の国民」としてとられるようになった．これは，ルソー（Rousseau, J-J.），ペスタロッチ（Pestalozzi, J. H.）やフレーベル（Fröbell, F.）などの思想や実践をもとに，子どもは教育を受ける権利をもつ存在であることが広く認識されたからである．

こうして児童の福祉を守る法律が制定されるようになった．

1908年制定の「児童法」は，里子の保護，虐待の防止，非行少年犯罪少年の処遇を成人から分離することなどの規定が成されている．

そして，「児童福祉法」（1918年）と「児童青少年法」（1926年）が制定される．後者は，非行少年に対し，コミュニティホームという新しい処遇を導入している．

第2次世界大戦中の1943年に発表されたベヴァリッジレポートの社会保障施策の中に，児童関係の法律として，「家族手当法」（1945年）と「児童法」（1948年）の制定がある．家族手当法では，当時の労働者の賃金は，子ども1人は育てられるとの判断から，第2子以降の子どもに手当を支給するとされた．また，児童法は，教育にかける児童など家庭において十分な養護が受けられない児童に対し，地方自治体の公的機関の責任で児童養護を実施すると定めている．

1946年，カーティス委員会の報告書が提出されている．この報告書では，

要養護児童に対する中央政府と地方当局との対応の一体化や児童の養育は家庭を重視することが提言されている．この提案を受けて，児童法が成立したのである．カーティス委員会の設置のきっかけとなったのが，デニス・オニール事件である．1939年11月にデニス（7歳）と弟2人，妹1人の4人兄弟が全国児童虐待防止協会の調査員によって保護された．デニスは1944年に里子として農家に預けられていた．しかし，里親はデニスを虐待・放任し，翌年デニスは死亡する．死因は栄養失調と暴行による心臓衰弱であった．実の親から虐待され，そして里親からも虐待されたケースであった．

近年は，少子化も社会問題化しているが，育児と仕事の両立ができるようなシステムもあり，出産後も職場復帰する女性が大部分を占めるなど一定の成果もでている．合計特殊出生率も1.63（2001年）から，1.84（2007年）と上がっている．イギリスでは保育所が不足していることもあり，一般に働く母親のためには，チャイルド・マインダー（児童世話人）制度がある．チャイルド・マインダーは，子どもの家庭に入り，国からの補助金を得て育児支援を実施している．

2. アメリカにおける児童家庭福祉の歴史

アメリカにおける児童家庭福祉の出発は，ホワイトハウス会議からといえるだろう．ルーズベルト（Roosevelt, T.）大統領は，1909年に「児童に関する白亞館会議」を開催する．この会議では，「家庭生活は，文明の所産のうち最も高く，最も美しいものである．児童は緊急やむをえない理由がない限り，家庭生活から引き離されてはならない」という声明が発表された．そして，家庭の重要性とともに里親制度や小舎制の施設養護が提唱されている．なお，この会議を契機として1912年，労働省内に児童局が創設された．

以後，ホワイトハウス会議はほぼ10年ごとに開催されている．1930年の第

3回の会議では,「児童憲章」が採択された.この憲章は人種,出生地,本人の境遇等は問われないですべての児童の権利について明記されている.

1929年,金融市場の大混乱のためにはじまった大恐慌は,資本主義のアメリカに多大な影響を与えた.経済的に進展していたアメリカ社会において,生産力は急激に低下し,失業者数は増大した.当時のフーヴァー（Hoover, H. L.）大統領は,アメリカ社会の伝統的考えである自助の精神を強調する政策をとるのみであった.1933年,ルーズベルト（Rooseverlt, F. D.）が,大統領に就任し,ニューディール政策を発表する.ニューディール政策では,3つのR — Relief（救済），Recovery（経済回復），Reform（改革）の政策を推進した.ニューディール政策の一環といえる社会保障法（1935年）では,はじめて児童の保護は連邦レベルの政策課題として取り組まれることとなった.

ジョンソン大統領の時代には,包括的な就学前教育プログラムである「ヘッド・スタート」が開始（1965年）された.これは危機的な状況にある家庭に対して,乳幼児から早期教育の充実をめざす内容である.

その後,「児童虐待防止対策法」が制定（1974年）され,児童虐待・放任全米対策センターが設置されている.

そして1990年からの福祉改革は,就労を促進することで福祉施策の対象となっている人の自立を促すことに重点をおいている.同時に,子どもの福祉と家族支援が強化されることとなった.関連して,子どもの貧困率も高いこともあり,貧困予防のための教育プログラムである「おちこぼれゼロ法」が2002年に制定されている.

2010年には,「患者保護とアフォーダブル・ケア法」が立法化された.この法律は,低年齢児のいる家に家庭訪問をし,子どもの健康,親への育児支援,入学に向けての準備支援等を規定している.

3. 国際的な児童家庭福祉の歴史

　1922年,「世界児童憲章」が宣言される. これは, イギリス児童救済基金団体連合が発表したものである. 第1次世界大戦 (1914-19) における多くの子どもたちの犠牲がこの児童憲章発表の契機である.

　そして, 国連第5回総会において「児童の権利に関する宣言」(通称, ジュネーブ宣言) が採択される. この宣言では,「子どもの最善の利益」を主張し, 人種や国籍を問わないで子どもの権利を守ることを強調している.

　また, 1959年の国連総会で「児童の権利宣言」が採択された. 児童には基本的人権と自由があること, すべての国家, 政府, 団体, 家族, 親の児童の福祉に対する責任について述べられている. 1979年は,「国際児童年」であったが,「児童の権利宣言」から20年目ということで, 1976年の国連第32回総会で決められたのである.

　そして, 国連第44回総会で「子どもの権利条約」(1989年) が採択される. すべての児童の保護と基本的人権の尊重をめざして, 3つのPがあげられている. それは, ①所有者あるいは利用に関する権利 (Prorision), ②保護に関する権利 (Protection), ③参加に関する権利 (Participation) である. この条約成立のきっかけとなったのは, 1978年, ポーランドから国連人権委員会へ提出されたいわばこの権利条約の素案である. このポーランド素案は, ヤヌシュ・コルチャック (Korczak, J.—本名ヘンリク・ゴールトシュミット Goldszmit, H.) の考え方がもととなっている. コルチャックは, 教育者であり, 作家でもあった. 1911年,「孤児の家」を設立し, さらに第一次世界大戦後, 戦災孤児のために「みんなの家」を設立している. 孤児院では, 子ども自身の自治によって運営するシステムをとり, 子どもを一人の人間として尊重する思想を置いている.

　「子どもの権利条約」をうけて, 1990年に「子どものための世界サミット」が開かれている. このサミットでは,「子どもの生存, 保護, 発達に関する世

界宣言」が署名され,行動計画が採択されている.2000年までに達成すべき目標が27あげられたが,とくに次の7つが重点目標である.

① 5歳未満児の死亡率を,1990年の3分の2または,出生1,000人あたり70のどちらか低いほうまで引き下げること
② 妊産婦死亡率を1990年の半分に引き下げること
③ 5歳未満の栄養不良児数を1990年の半分にまで減らすこと
④ すべての人が安全な水と衛生施設を使用できるようにすること
⑤ すべての子どもが小学校に行き,その80％が小学校を卒業できるようにすること
⑥ 成人の非識字率を半分に減らし,男女とも平等に教育を受けられるようにすること
⑦ とくに困難な状況下にある子どもを守り,戦争に巻き込まれた子どもなどは特別に保護する

そして,子どもサミット開催のほぼ10年後の2002年5月,ニューヨークの国連本部で「国連子ども特別総会」が開かれた.この特別総会は子どもサミットのフォローのためであり,採択された宣言や行動計画の目標達成状況の振り返りを行っている.そのうえで残された課題や新たな課題に対する取り組みについて話しあわれた.

このように国連を中心に子ども一人ひとりの権利を擁護するさまざまな取り組みが実施され続けている.社会福祉全体の動向とも影響をうけ,子ども自身のことは子どもたちで決めていくいわば当事者決定も重視されてきている.

しかし,国際的に見ても戦争は各地で行われており,子どもたちの教育,保健,医療面のみでなく飢餓状況のため生存さえあやうい状況にある地域もある.子どもへの暴力や虐待も後を絶たない.「子どもの最善の利益」をもっと強調していかなくてはならないといえる.1900年にエレン・ケイ(Key, E.)が『児童の世紀』を出版し,20世紀を児童の世紀にしようと主張したが,21世紀の現代でもこの主張はさらに続けていく必要があるだろう.

参考文献
高島進『社会福祉の歴史』ミネルヴァ書房，1995 年
高島進『イギリス社会福祉発達史論』ミネルヴァ書房，1979 年
小山路男『西洋社会事業史論』光生館，1978 年
萩原康夫ほか編集『世界の社会福祉年鑑 2010』旬報社，2010 年
仲村優一ほか編集『世界の社会福祉　イギリス』旬報社，1999 年
小松隆二『イギリスの児童福祉』慶應通信，1990 年

Ⅳ

児童家庭福祉の歴史(日本)

1. 明治期以前の児童救済

§1 古代社会の児童救済

　生産力が低く自然の災害に対する抵抗力も弱い古代社会では，凶作や飢饉に見舞われるたびに親による子殺しや児童の人身売買等が横行した．農民のなかには律令体制下における過重負担をのがれるための逃亡や暴動を起こす者も多く，孤児や棄児が続出した．自然災害や古代国家形成のために課せられた負担によって農民の生活は困窮化し，児童の生存が脅かされていったのである．

　古代社会における慈善活動は為政者や仏教徒によって進められていく．593年に聖徳太子によって「四天王寺」が建立され，「四箇院」（敬田院・悲田院・施薬院・療病院）を設置したと伝えられている．聖徳太子の慈善は摂政という立場からいって政治的な事業ではあったが，同時に仏教信仰に基づく慈恵的な思想も含まれていた．

　律令国家における公的救済制度としては『令義解』の「戸令」をあげることができる．救済対象のなかには「孤」として16歳以下で父のない者も含まれているが，救済対象者を近親者に扶助させ，近親者がいない場合は坊里（地域単位）で救済する方法をとっており，公的救済そのものは回避するかたちとなっていた．

§2 中世・封建社会の児童救済

　中世社会は土地の領有を進めてきた武士階級が，次第に実験を握る前期封建社会である．この時代は支配体制が荘園領主から守護大名，戦国大名へと大きな変化をみせるなかで，社会経済構造が激動し，民衆の生活に混乱をきたし

た．また，田租がひどいときには8公2民となったことからもわかるように，農民への過重な租税が強化され，窮乏化に拍車をかけた．児童の生活もきわめて不安定であり，堕胎，間引き，棄児，人身売買などが頻繁に行われた．児童は労働力あるいは商品と見なされ，贈答の対象として取り扱われることもあった．武士階級においては，家の後継者としてその存在価値が認められ，親の絶対的な支配下におかれた．

鎌倉時代の公的救済としては北条泰時らによる飢餓時の救済事業をあげることができるが，室町，戦国時代を通じ，不安定な混乱期が続く中で，公的な救済制度は沈滞化していった．

封建後期の江戸時代に入ると，支配者層は幕藩体制を維持することを目的に，慈善救済を広く取り入れるようになった．児童に関連した対策としては，養育米や金銭を給与する施策や孤児，棄児の収容保護を行う救済対策が見られた．松平定信は町会所を設け，町費を節約することによって，救済にあたる七分積立金制度を実施した．江戸中期以降，支配者層が最も苦慮した児童の救済対策は堕胎，間引きの問題であった．この問題は封建社会の財政的基盤である農村の労働人口，年貢の減少と直接関連するものであり，支配者層はそれらの防止対策に力を入れた．民衆の教化，近隣の相互監視と連帯責任の徹底，養育米の給付などの対策を講じていった．

このように幕藩体制の時代に入ると，公的な慈善救済が強化されていくが，本質的には救済の問題は，親族や運命共同体としての村落共同体の相互扶助によって解決されなければならないものであった．封建体制の末端組織である五人組制度はこの村落共同体内部での相互扶助機能に一役買うものであり，社会統制あるいは治安対策とあわせて幕藩体制下における慈善救済に貢献した．

2. 近代国家の成立と児童救済

§1〕 公的救済

　明治維新によってわが国は近代国家としての新しい歩みをはじめることになる．明治政府は資本主義体制の形成と天皇制国家の確立を強力に推し進め，富国強兵政策に乗り出した．天皇は神格化され，児童はその忠実な赤子となることが期待され，「忠君，愛国」の精神が国民のなかに植えつけられていった．また，富国強兵政策のもとでは児童は兵力および労働力となることが要求され，国策的児童観のもとでその健全育成が図られたのである．

　明治政府による児童救済としては，まず1871（明治4）年の「棄児養育米給与方」をあげることができる．これは棄児を養育する者にその子が15歳に達するまでの間，年に米7斗を支給するものである．1873（明治6）年には「三子出産ノ貧困者ヘ養育料給与方」が出され，三つ児を産んだ困窮者に一時金5円を支給することになった．1874（明治7）年には総合的な公的救済制度として「恤救規則(じゅっきゅうきそく)」が出された．恤救規則はその前文で「済貧恤窮ハ，人民相互ノ情誼ニ因テ，其方法ヲ設ヘキ筈ニ候得共，目下難差置無告ノ窮民ハ，…（中略）…左ノ規則ニ照シ取計置，委曲内務省ヘ可伺出此旨相達候事」と規定されていることからもわかるように，本質的には慈恵的性格を帯びたものであり，救済対象においても強い制限主義がとられた．恤救規則は1932（昭和7）年に施行される「救護法」まで唯一の公的救済制度として存続した．

§2〕 民間救済

　一方，民間の篤志家による慈善活動は，こうした公的制度の不備を補うものとして機能していった．児童救済に関しては，明治の初期から孤児院と呼ばれた育児施設を中心に，感化院（教護院），知的障害児施設，あるいは保育所などが創設された．

1887（明治20）年には石井十次によって「岡山孤児院」が設立された．石井はバーナード・ホームにならい家族主義（小寮舎制度）や委託主義（里親委託）を採用するとともに，義務教育制度，職業教育などを実施し，わが国の育児事業に先駆的役割を果たした．感化事業では1884（明治17）年に池上雪枝が大阪に「神道祈禱所」を開き非行児童を収容した．翌年には高瀬真卿によって「私立予備感化院」（東京感化院）が開設されている．1899（明治32）年になると留岡幸助が東京の巣鴨に「家庭学校」を創設した．家庭学校は家庭舎方式を採用し，農業を中心とした労作教育を通して少年の感化教育を行った．知的障害児施設としては1891（明治24）年に石井亮一によって「滝乃川学園」の前身である「孤女学院」が設立されている．石井は孤児の女子教育から知的障害児教育へと進み，ゼガン（Seguin, E. O.）の教育倫理を学ぶ中で，独自の教育実践を試みた．

保育事業に関しては，子守学校に付設されたものや工場女性労働者あるいは貧困家庭対策として開始されたものが多かった．1890（明治23）年，赤沢鐘美夫妻が開いた新潟の「静修学校」では，幼い子どもを背負ってくる子女が多いことから，それらの幼児を別室で保育するための託児所である「幼稚児保護会」を設けた．1900（明治33）年には野口幽香，森嶋峰（のちの斎藤姓）によって東京麹町に「二葉幼稚園」が開設された．1906（明治39）年には四谷鮫ヶ橋に移転し，貧困児童のニードに応じた本格的な保育実践が行われた．1909（明治42）年には石井十次によって大阪の生活貧困地区に「愛染橋保育所」が開設されている．また，明治期には産業革命の進行とともに，工場内に託児所が付設されている．1894（明治27）年には東京深川の東京紡績株式会社に，1902（明治35）年には東京墨田の鐘ヶ淵紡績株式会社にそれぞれ託児所が設置されている．工場内託児所は女性労働者の児童を保護・教育することが目的ではなく，熟練した女工を工場にとどめさせるという労働力確保対策として行われたものであった．なお，日露戦争に際しては，神戸市出征軍人児童保管所など出征軍人の遺家族の生活を保護する立場から，全国に臨時の託児所が設置され

このように明治期は，公的救済制度の不備も手伝い民間の慈善救済事業が発展するが，1900（明治33）年には「感化法」「未成年者喫煙禁止法」が制定され，児童の保護に関する制度が打ち出された．感化法は道府県に感化院を設置し，満8歳以上16歳未満の非行児童を収容することを規定した．当時，軍国主義化の過程で，「治安警察法」（1900年）など一連の治安立法が制定されたことからもわかるように，感化法および未成年者喫煙禁止法は，純粋な児童保護立法として位置づけられるには疑問が残るものであった．

3. 大正・昭和前半期の児童保護

　大正期になると，第1次世界大戦を契機として資本主義経済のいちじるしい発展がもたらされ，その独占化の段階をむかえた．一方，米価の高騰をはじめとする諸物価の値上がりにより国民生活は圧迫され，広範囲にわたる労働者の窮乏化が目立つ中で，労働者の生活防衛のための運動が続発した．1918（大正7）年には米騒動が勃発，広い国民層の感情的反発が表面化し，労働運動に拍車をかけた．さらに，農村恐慌や都市における労働争議に加え，1923（大正12）年の関東大震災により，国民生活の困窮はいよいよ深刻なものになっていった．

　こうした社会状況のなかにあって，児童の生活もまた危機的なものであった．妊産婦の過度の労働や栄養不足などによる乳幼児死亡率の増加，あるいは不就学児童の問題など，児童にふりかかる問題は国民全般が困窮化する中でより一層深刻化し，社会問題としての国家による児童保護の必要性が明らかになっていったのである．1917（大正6）年，内務省地方局に救護課が新設され，その管掌事項の1つに「道府県立以下の貧院，盲啞院，瘋癲院，育児院及感化院等の施設に関する事項」が定められた．1920（大正9）年には内務省社会局

が新設され，「児童保護に関する事項」が管掌事務のひとつとして独立した領域に位置づけられた．地方行政体の児童保護施策も誕生し，1919（大正8）年，大阪市にはじめて公立の託児所が作られた．託児所はこれまで慈善事業のひとつとして民間の手に委ねられていたが，このあたりから保育事業への公的な対応が強化された．とくに，東京市では関東大震災以後，公立託児所の設置が促進されている．1926（大正15）年には第7回全国社会事業大会の決議に基づいて中央社会事業協会主催による児童保護事業会議が開催され，児童保護への社会的関心の高まりを見せた．また，大正期は児童の権利思想がかなり一般的なものとなり，児童中心主義あるいは童心主義などが目をひいた．しかし一方では，大正期になると社会主義思想への関心や大衆運動あるいは労働運動の勢力が強くなり，資本主義体制に危機的状況が訪れたことから，帝国主義的な政策が強化されたことも事実である．そのため，社会問題に対する施策も社会運動に対する弾圧およびわずかの譲歩として推進されており，児童保護の領域もこうした状況下で進展していったことを忘れてはならない．

　昭和期に入ると，アメリカの不況に端を発した世界大恐慌によって，わが国の経済は甚大な影響を受け，明治以来の恤救規則では深刻化した貧困問題にとうてい対応することができなくなった．1929（昭和4）年，政府はようやく重い腰をあげ，一般救護を整理する必要から「救護法」を制定した．しかし，救護の対象には強い制限主義がとられ，要援護者の救済権も認めず選挙権の欠格条項が適用された．1933（昭和8）年には「児童虐待防止法」「少年教護法」が制定された．これらは当時の社会不安のなかから生活難のために児童を酷使したり虐待する傾向が強くなり，また少年の非行が増加したことが引き金となっている．1937（昭和12）年には「母子保護法」が制定された．母子保護法は貧困のため13歳以下の子どもを養育することが困難な母またはそれに代わる祖母を保護の対象とし，生活，養育，生業，医療の扶助を適用するものであった．同じく，1937年には「軍事扶助法」が制定され，軍人遺家族の児童のための扶助が行われた．

一方，日中戦争勃発以後，急速に戦時体制への傾斜を深めていくわが国において，児童はまさに国の宝となり，富国強兵政策のための人的資源として取り扱われるようになった．1940（昭和15）年，「国民体力法」「国民優生法」が制定され，また1942（昭和17）年には「妊産婦手帳規定」が公布され，妊婦の届出により「妊産婦手帳」が交付される中で，戦争目的にための人的資源増強政策が推進されていったのである．しかし，実質的には戦争の拡大とともに国民生活は確実に蝕まれ，戦災孤児や不良少年の問題をかかえながら第2次世界大戦へと突入していった．

4. 第2次世界大戦後の児童福祉

§1 法体系の整備

わが国の敗戦というかたちで終わりを遂げた第2次世界大戦は，国民の生活に大きな打撃を与えた．戦後社会の混乱と生活難のなかで，児童は最大の犠牲者となり，戦災孤児，浮浪児，欠食児童が氾濫した．1945（昭和20）年9月，政府は「戦災孤児等保護対策要綱」を決定し，また本格的な孤児，浮浪児対策として，1946（昭和21）年4月に厚生省から「浮浪児その他児童保護等の応急措置実施に関する件」が出された．

このように戦後のわが国における児童保護対策は，戦災孤児，浮浪児対策からはじめられたが，1947（昭和22）年12月には児童のための単独立法である「児童福祉法」が制定された．この法律は当初「児童保護法案」として考案され，基本的な児童保護対策にあてられるものであったが，対象を要保護児童に限定するなどの批判があり，その後すべての児童を対象とした総合立法として誕生することになった．また，1951（昭和26）年5月5日には「児童憲章」が宣言され，児童の福祉を守るための基本理念が掲げられた．1952（昭和27）年には母子家庭の児童を経済的に援助することを目的として「母子福祉資金の貸

付等に関する法律」が制定された．この他，児童に対する経済保障政策としては，1961（昭和36）年に「児童扶養手当法」，1964（昭和39）年に「重度精神薄弱児扶養手当法」（現在の「特別児童扶養手当等の支給に関する法律」），そして1971（昭和46）年には「児童手当法」が制定された．

§2 施設・事業の整備

施設養護の面では，児童の要保護性に適した処遇を行うため，徐々に施設の専門分化が進められた．児童福祉法制定当時，障害児の入所施設は精神薄弱児施設と療育施設だけであったが，この療育施設が1949（昭和24）年に盲・ろうあ児施設，1950（昭和25）年に虚弱児施設，肢体不自由児施設に分化された．また，1961（昭和36）年に情緒障害児短期治療施設，1967（昭和42）年には重症心身障害児施設が設置された．通所施設の整備も進み，1957（昭和32）年に精神薄弱児通園施設が新設され，1969（昭和44）年になると肢体不自由児通園施設が設けられている．

§3 児童対策

戦後の混乱した社会状況における児童保護対策が一応の終結をみたあたりから，わが国の児童福祉行政は児童を対象とした育成対策に力を入れるようになる．それは資本主義経済の急激な拡大に伴って必要とされる労働力の確保と資質の向上をめざすものであり，高度経済成長策と重なるものであった．児童を対象としたこの対策は，とくに母子保健対策が中心であり，1961（昭和36）年には新生児への訪問指導，3歳児健康診査，1962（昭和37）年には妊産婦への訪問指導が開始された．さらに，1965（昭和40）年には「母子保健法」が制定された．

§4 障害児対策

児童対策とあわせて障害児，とくに重症児に対する対策も強化された．1964

(昭和39) 年には重度精神薄弱児収容棟と肢体不自由児施設重度病棟が設置された. また, 1966 (昭和41) 年には国立療養所に重症児病棟が付設されることになった.

昭和40年代の中ごろまでは, 障害児に対する施策は施設収容による保護対策が主流であったが, その後施設収容方式への反省が見られるようになり, 対象児童を地域社会のなかで処遇する重要性が指摘され, 通園事業と在宅サービスが拡充された. 1970 (昭和45) 年には心身障害児家庭奉仕員の派遣事業が, 1972 (昭和47) 年からは心身障害児通園事業が市町村を実施主体として開始された. また, 同じく1972年には重度障害児に対する日常生活用具の給付事業などが, 都道府県および指定都市を実施主体として開始された.

5. 平成期の少子化対策

1989 (平成元) 年, 合計特殊出生率が1.57となり, このあたりから国は少子化, 子育て支援対策を強化していった. 第2章でもみたように1994 (平成6) 年12月, 文部・厚生・労働・建設4大臣合意により「今後の子育て支援のための施策の基本的方向について」(エンゼルプラン) が策定された. また, 「エンゼルプラン」の考え方に基づき保育サービスにおける具体的整備目標を明確化した「緊急保育対策等5か年事業」が策定された. これは1995 (平成7) 年度から1999 (平成11) 年度を目標年次として多様な保育サービスの充実を図るものであった.

1999 (平成11) 年12月, 大蔵・文部・厚生・労働・建設・自治6大臣の合意による「重点的に推進すべき少子化対策の具体的実施計画について」(新エンゼルプラン) が策定された. これは2000 (平成12) 年度から2004 (平成16) 年度までのプランであり, 保育サービスはもとより, 子育て支援サービスの充実, 母子保健医療体制の整備, 雇用, 教育等を加えたものであった.

2003(平成15)年には「少子化社会対策基本法」が制定施行された．また，2004(平成16)年6月には少子化対策の基本指針である「少子化社会対策大綱」が策定された．そして，同年12月に「少子化社会対策大綱に基づく重点施策の具体的実施計画について」(子ども・子育て応援プラン)が新たにまとめられた．このプランは保育事業中心ではなく，幅広い分野に視点をおいて，2009(平成21)年度までに施策と目標を設定したものであった．今後，保育事業はもとより，社会全体で次世代の育成を支援していくため，地域や家庭の多様な子育て支援，仕事と家庭の両立，働き方に関連する施策の充実が一層望まれる．同時に，児童虐待への対応など要保護児童対策の強化を一層充実していかなければならない時代にきている．

[付記] 本章は，井上肇・野口勝己編『児童福祉(幼児教育・保育講座10)』(福村出版，1987年)の「第3章児童福祉の歩み 2．わが国の児童福祉の歩み」および井村圭壯編著『児童福祉分析論』(学文社，2005年)の「日本の児童福祉の歩み」を大幅修正・加筆したものである．

参考文献
池田敬正・土井洋一編『日本社会福祉綜合年表』法律文化社，2000年
右田紀久恵ほか編『社会福祉の歴史(新版)』有斐閣，2001年
一番ヶ瀬康子ほか編『社会福祉の歴史』有斐閣，1981年
久保いと・田中未来編『子どもの生活と保育の歴史』川島書店，1984年
古川孝順ほか編『児童福祉の成立と展開』川島書店，1975年
高橋種昭ほか『児童福祉』医歯薬出版，1979年
吉田久一『日本社会事業の歴史(全訂版)』勁草書房，1994年
厚生統計協会編『国民の福祉の動向』厚生統計協会，2010年

V

児童家庭福祉の法律と行財政

1. 児童家庭福祉の法律

　わが国における児童家庭福祉に関する法律の基本は，「日本国憲法」に求められる．たとえば，「基本的人権の享有」(第11条)，「家族生活における個人の尊厳と両性の平等」(第23条)，「健康で文化的な最低限度の生活を営む権利」(第25条)などは，子どもやその家庭の営みにとって大きな意味をもっている．これを礎に，児童家庭福祉の分野には，児童福祉六法と呼ばれる法律が定められている．また，これら以外にも，社会福祉，教育労働，社会保険，医療・公衆衛生，法務，行財政など広範囲にわたっての法律が関連している．ここでは，児童福祉六法に該当する法律（「児童福祉法」，「児童扶養手当法」，「母子及び寡婦福祉法」，「特別児童扶養手当等の支給に関する法律」，「母子保健法」，「児童手当法」）およびその他の関連する法律について概説する．

§1 児童福祉六法

(1) 児童福祉法（昭和22年法律第164号）

　「児童福祉法」は，「総則」，「福祉の保障」，「事業及び施設」，「費用」，「雑則」，「罰則」の6章から構成されている．

　第1章の「総則」では，児童福祉の理念について，「すべて国民は，児童が心身ともに健やかに生まれ，且つ，育成されるよう努めなければならない．すべて児童は，ひとしくその生活を保障され，愛護されなければならない」(第1条)と規定している．また，その責任については，「国及び地方公共団体は，児童の保護者とともに，児童を心身ともに健やかに育成する責任を負う」(第2条)と定め，さらに，「前2条に規定するところは，児童の福祉を保障する

ための原理であり，この原理は，すべて児童に関する法令の施行にあたつて，常に尊重されなければならない」（第3条）としている．また，ここでは「児童」，「障害児」，「妊産婦」，「保護者」を次のように「定義」している．「児童」とは「満十八歳に満たない者」とし，さらに，「一 乳児 満一歳に満たない者 二 幼児 満一歳から，小学校就学の始期に達するまでの者 三 少年 小学校就学の始期から，満十八歳に達するまでの者」（第4条）と区分している．「障害児」とは「身体に障害のある児童又は知的障害のある児童」（同条）と定めている．「妊産婦」とは「妊娠中又は出産後一年以内の女子」（第5条），「保護者」とは「親権を行う者，未成年後見人その他の者で，児童を現に監護する者」（第6条）としている．

第2章の「福祉の保障」では，心身に障害のある子どもの療育指導や居宅生活支援，子育て支援事業，助産施設・母子生活支援施設・保育所などへの入所，障害児施設給付費等の支給，要保護児童の保護措置，要保護児童対策地域協議会の設置等について定めている．

第3章の「事業及び施設」では，児童自立生活援助事業，放課後児童健全育成事業といった事業の開始等についてや，各児童福祉施設や最低基準の制定，児童福祉施設長の義務，親権，入所児童の教育等について定めている．

第4章の「費用」では，行政に必要な費用についての国および地方公共団体の支弁義務者についてや，施設入所その他に要する費用の徴収や支払い命令，私立児童福祉施設への補助や児童委員に必要な費用等について定めている．

第5章の「雑則」では，福祉の保障のための連絡調整，地方公共団体による保育計画，児童福祉施設の認可取り消しや認可外施設への立ち入り調査等についてなどを定めている．

第6章の「罰則」では，児童福祉法の規定に違反した者への罰則について定めている．

児童福祉法は，わが国の児童に関する総合的な基本法として位置づけられ，これまで幾度かの改正を重ねながら今日に至っている．

(2) 児童扶養手当法（昭和36年法律第238号）

この法律は，「父又は母と生計を同じくしていない児童が育成される家庭の生活の安定と自立の促進に寄与するため，当該児童について児童扶養手当を支給し，もつて児童の福祉の増進を図ることを目的」（第1条）とし，手当の支給要件，額，支給手続き，不服申立て，費用等について規定している．この法律で「児童」とは，「十八歳に達する日以後の最初の三月三十一日までの間にある者又は二十歳未満で政令で定める程度の障害の状態にある者」（第3条）と定義され，支給期間が定められている．

(3) 母子及び寡婦福祉法（昭和39年法律第129号）

この法律は，「母子家庭等及び寡婦の福祉に関する原理を明らかにするとともに，母子家庭等及び寡婦に対し，その生活の安定と向上のために必要な措置を講じ，もつて母子家庭等及び寡婦の福祉を図ることを目的」（第1条）とし，母子自立支援員の配置，母子および寡婦福祉資金の貸付け，母子福祉施設の設置等について定めている．この法律において「児童」とは，「二十歳に満たない者」とされ，「寡婦」とは，「配偶者のいない女子であつて，かつて配偶者のいない女子として民法第八百七十七条の規定により児童を扶養していたことのあるもの」，「母子家庭等」とは，「母子家庭及び父子家庭」，「母等」とは，「母子家庭の母及び父子家庭の父」（第6条）と定められている．

(4) 特別児童扶養手当等の支給に関する法律（昭和39年法律第134号）

この法律は，「精神又は身体に障害を有する児童について特別児童扶養手当を支給し，精神又は身体に重度の障害を有する児童に障害児福祉手当を支給するとともに，精神又は身体に著しく重度の障害を有する者に特別障害者手当を支給することにより，これらの者の福祉の増進を図ることを目的」（第1条）とし，手当の支給要件，額，支給手続き，不服申立て，費用等について規定している．この法律では支給対象を，「特別児童扶養手当」は二十歳未満の障害児を養育する父あるいは母など，「障害児福祉手当」は常に介護を必要とする二十歳未満の重度障害児，「特別障害者手当」は常に特別な介護を必要とする二

十歳以上の障害者と定めている．

(5) 母子保健法（昭和40年法律第141号）

この法律は，「母性並びに乳児及び幼児の健康の保持及び増進を図るため，母子保健に関する原理を明らかにするとともに，母性並びに乳児及び幼児に対する保健指導，健康診査，医療その他の措置を講じ，もつて国民保健の向上に寄与することを目的」（第1条）とし，妊娠の届出，母子健康手帳の交付，健康診査，母子保健施設等について規定している．この法律において「妊産婦」とは，「妊娠中又は出産後一年以内の女子」をいい，「乳児」とは，「一歳に満たない者」，「幼児」とは，「満一歳から小学校就学の始期に達するまでの者」（第6条）と定められている．

(6) 児童手当法（昭和46年法律第73号）

この法律は，「児童を養育している者に児童手当を支給することにより，家庭における生活の安定に寄与するとともに，次代の社会をになう児童の健全な育成及び資質の向上に資することを目的」（第1条）とし，手当の支給要件，額，支給手続き，不服申立て，費用等について規定している．この法律において「児童」とは，「十八歳に達する日以後の最初の三月三十一日までの間にある者」（第3条）と定められている．

§2 児童家庭福祉に関連する法律

わが国では，多くの法律によって児童家庭福祉は推進されている（表Ⅴ－1）．ここでは，このうち「児童買春，児童ポルノに係る行為等の処罰及び児童の保護等に関する法律」，「児童虐待の防止等に関する法律」，「次世代育成支援対策推進法」，「少子化社会対策基本法」，「就学前の子どもに関する教育，保育等の総合的な提供の推進に関する法律」ついて概説する．

(1) 児童買春，児童ポルノに係る行為等の処罰及び児童の保護等に関する法律（平成11年法律第52号）

この法律は，「児童買春，児童ポルノに係る行為等を処罰するとともに，こ

表Ⅴ—1　児童家庭福祉を支える法律

児童福祉六法	
○児童福祉法	○母子及び寡婦福祉法
○児童扶養手当法	○母子保健法
○特別児童扶養手当等の支給に関する法律	○児童手当法

児童家庭福祉関連法律
〈社会福祉に関する法律〉
・社会福祉法　・生活保護法　・身体障害者福祉法　・知的障害者福祉法　・民生委員法　・障害者基本法　・社会福祉士及び介護福祉士法　・児童虐待の防止等に関する法律　・配偶者からの暴力の防止及び被害者の保護に関する法律　・障害者自立支援法　・発達障害者支援法
〈教育に関する法律〉
・教育基本法　・学校教育法　・社会教育法　・特別支援学校への就学奨励に関する法律　・就学前の子どもに関する教育，保育等の総合的な提供の推進に関する法律
〈労働に関する法律〉
・労働基準法　・職業安定法　・最低賃金法　・勤労青少年福祉法　・障害者の雇用の促進等に関する法律　・育児休業，介護休業等育児又は家族介護を行う労働者の福祉に関する法律
〈社会保険に関する法律〉
・健康保険法　・国民健康保険法　・厚生年金保険法　・国民年金法　・労働者災害補償保険法　・雇用保険法
〈医療・公衆衛生に関する法律〉
・精神保健及び精神障害者福祉に関する法律　・学校保健法　・学校給食法　・結核予防法　・地域保健法　・医療法　・母体保護法　・精神保健福祉士法
〈法務に関する法律〉
・民法　・家事審判法　・戸籍法　・刑法　・売春防止法　・児童買春，児童ポルノに係る行為等の処罰及び児童の保護等に関する法律　・風俗営業等の規制及び業務の適正化等に関する法律　・刑事訴訟法　・少年法　・少年院法　・覚せい剤取締法　・麻薬及び向精神薬取締法
〈行財政に関する法律〉
・国家公務員法　・地方自治法　・厚生労働省設置法　・行政不服審査法　・補助金等に係る予算の執行の適正化に関する法律　・行政手続法　・地方分権の推進を図るための関係法律の整備等に関する法律　・情報公開法
〈その他の法律〉
・特定非営利活動促進法　・少子化社会対策基本法　・次世代育成支援対策推進法

出所）社会福祉士養成講座編集委員会編『児童や家庭に対する支援と児童・家庭福祉制度』中央法規，2011年，p.57をもとに作成。

れらの行為等により心身に有害な影響を受けた児童の保護のための措置等を定めることにより，児童の権利を擁護することを目的」(第1条)とし，児童買春および児童ポルノの定義，処罰の対象となる行為や量刑，被害児童の保護などについて定めている．

(2) 児童虐待の防止等に関する法律（平成12年法律第82号）

この法律は，「児童に対する虐待の禁止，児童虐待の予防及び早期発見その他の児童虐待の防止に関する国及び地方公共団体の責務，児童虐待を受けた児童の保護及び自立の支援のための措置等を定めることにより，児童虐待の防止等に関する施策を促進し，もって児童の権利利益の擁護に資することを目的」(第1条)とし，児童虐待の定義，早期発見努力，通告義務，強制調査，警察の介入，保護者の接触制限などについて定めている．

(3) 次世代育成支援対策推進法（平成15年法律第120号）

この法律は，「次世代育成支援対策に関し，基本理念を定め，並びに国，地方公共団体，事業主及び国民の責務を明らかにするとともに，行動計画策定指針並びに地方公共団体及び事業主の行動計画の策定その他の次世代育成支援対策を推進するために必要な事項を定めることにより，次世代育成支援対策を迅速かつ重点的に推進し，次代の社会を担う子どもが健やかに生まれ，育成される社会の形成に資することを目的」(第1条)としている．「行動計画（高度計画策定指針，市町村行動計画，都道府県行動計画，一般事業主行動計画，特定事業主行動計画，次世代育成支援対策推進センター）」，「次世代育成支援対策地域協議会」などについて定めている．

(4) 少子化社会対策基本法（平成15年法律第133号）

この法律は，「少子化社会において講ぜられる施策の基本理念を明らかにするとともに，国及び地方公共団体の責務，少子化に対処するために講ずべき施策の基本となる事項その他の事項を定めることにより，少子化に対処するための施策を総合的に推進し，もって国民が豊かで安心して暮らすことができる社会の実現に寄与することを目的」(第1条)とし，国・事業主・国民の責務や，

保育サービス等の充実，地域社会における子育て支援体制の整備，母子保健医療体制の充実等などについて定めている．

(5) 就学前の子どもに関する教育，保育等の総合的な提供の推進に関する法律（平成18年法律第77号）

この法律は，「幼稚園及び保育所等における小学校就学前の子どもに対する教育及び保育並びに保護者に対する子育て支援の総合的な提供を推進するための措置を講じ，もって地域において子どもが健やかに育成される環境の整備に資することを目的」（第1条）とし，「認定こども園[1]」に関する認定手続きや特例などについて定めている．

2. 児童家庭福祉の行財政

§1 児童家庭福祉の行政機関

(1) 国および地方公共団体

「児童福祉法」において，「国及び地方公共団体は，児童の保護者とともに，児童を心身ともに健やかに育成する責任を負う」（第2条）と規定されているとおり，国および地方公共団体も児童育成の責任を負っている．

わが国の社会福祉に関する行政機関の中枢は厚生労働省であり，そのなかの部局のひとつである雇用均等・児童家庭局が児童家庭福祉を管轄している．雇用均等・児童家庭局では，児童家庭福祉に関する企画調整，児童相談所等に対する監査指導，事業に要する費用の予算措置などを行っている．

地方公共団体には，都道府県（政令指定都市・中核市を含む）と市町村（特別区を含む）があり，「児童福祉法」において，それぞれの役割が規定されている．

都道府県が行う主な業務は次のように定められている．

1) 市町村が行う児童及び妊産婦の福祉に関する業務の実施に関し，市町村相互間の連絡調整，市町村に対する情報の提供，市町村職員の研修，その

他必要な援助を行うことやこれらに付随する業務を行うこと．

2）児童及び妊産婦の福祉に関し，①各市町村の区域を越えた広域的な見地から，実情の把握に努めること，②児童に関する家庭その他からの相談のうち，専門的な知識及び技術を必要とするものに応ずること，③児童及びその家庭について，必要な調査ならびに医学的，心理学的，教育学的，社会学的及び精神保健上の判定を行うこと，④児童及びその保護者について，③の調査または判定に基づいて必要な指導を行うこと，⑤児童の一時保護を行うこと，⑥里親について，その相談に応じ，必要な情報の提供，助言，研修その他の援助を行うこと（以上，第11条）．

主なものとしては，都道府県内の児童福祉事業に関する企画・予算措置，児童福祉施設の認可・指導監督，児童相談所等の設置運営，市町村に対する必要な援助，高い専門性を要する相談援助などを行っている．

市町村が行う主な業務は次のように定められている．

① 児童及び妊産婦の福祉に関し，必要な実情の把握に努めること．

② 児童及び妊産婦の福祉に関し，必要な情報の提供を行うこと．

③ 児童及び妊産婦の福祉に関し，家庭その他からの相談に応じ，必要な調査及び指導を行うこと，ならびにこれらに付随する業務を行うこと（以上，第10条）．

主なものとしては，保育所の設置運営や，1歳6か月児健康診査，3歳児健康診査などがある．

(2) 審議機関

児童福祉に関する施策は，国や地方公共団体のみならず，広く一般社会や専門家からも意見を取り入れながら，適切に展開されていく必要がある．そのため，「児童福祉法」では，都道府県に対し，都道府県児童福祉審議会その他の合議制の機関を設置することを義務づけている[2]（第8条）．また，市町村については，同様の機関（市町村児童福祉審議会）を設置することができるとしている（同条）．児童福祉審議会は，委員20名以内で組織され，児童のみならず妊産

婦および知的障害者の福祉に関する事項も調査審議の対象としている．主な役割や権限としては，それぞれの首長の諮問に答えることや，関係行政機関に意見を述べたり（具申），資料の提出や説明の求めなどである．なお，国には社会保障審議会が設置されており，児童福祉を含む社会保障全般の事項に関する審議が行われている[3]．

§2 児童家庭福祉の財政

(1) 財源と費用負担

児童家庭福祉に必要な財源は，公費，公費に準ずる公的資金，民間資金に大きく分けられる．このうち公費に関しては，法令を根拠に公の責任によって実施される児童福祉事業および国や地方公共団体による児童の福祉推進のための事業などに用いられ，「児童福祉法」により費用の支弁義務者が定められているとともに，国と地方公共団体との負担割合が規定されている（表V−2）．

(2) 地方交付税交付金と国庫補助金等

公費のなかで，国が負担する国費は，地方交付税交付金，国庫補助金等に大別される．

地方交付税交付金とは，地域ごとの住民に対する公共サービスに格差が生じないよう，地方自治を展開するためのものであり，各都道府県に配分されるものである．

国庫補助金等は，国庫負担金と国庫補助金に分けられ，いずれも使途が定められている．国庫負担金とは，地方自治体などの政府以外の機関が行う事務や事業の一定額を，国がその責任に応じて負担するものであり，児童保護措置費負担金や保育所運営費負担金などが該当する．国庫補助金とは，国が推進する政策の奨励的な見地から，その財源の一部を交付するもので，児童福祉事業対策費等補助金などが該当する．

図V－2　児童福祉行政の費用とその負担割合

経費の項目		支弁権者	経費負担割合（根拠条文）						備考
			国	都道府県	市町村	指定都市	児童相談所設置市	中核市	
児童福祉審議会	都道府県設置	都道府県		10/10 (法50)					地方交付税
	市町村設置	市町村			10/10 (法51)	10/10 (法51)	10/10 (法51)	10/10 (法51)	地方交付税
児童福祉司		都道府県 (指定都市) (児童相談所設置市)		10/10 (法50)		10/10 (法50)	10/10 (法50)		地方交付税
児童委員		都道府県 (指定都市) (児童相談所設置市) (中核市)		10/10 (法50)		10/10 (法50)	10/10 (法50)	10/10 (法50)	地方交付税
児童相談所（設備を除く）		都道府県 (指定都市) (児童相談所設置市)		10/10 (法50)		10/10 (法50)	10/10 (法50)		地方交付税
療育の給付		都道府県 (指定都市) (児童相談所設置市) (中核市)	1/2 (法53)	1/2 (法50)		1/2 (法50)	1/2 (法50)	1/2 (法50)	
小児慢性特定疾患治療研究事業		都道府県 (指定都市) (児童相談所設置市) (中核市)	1/2 (法53の2)	1/2 (法50)		1/2 (法50)	1/2 (法50)	1/2 (法50)	
障害福祉サービスに係るやむを得ない事由による措置費		市町村	1/2 (法53)	1/4 (法55)	1/4 (法51)	1/2 (法51)	1/2 (法51)	1/2 (法51)	
子育て短期支援事業		市町村			10/10 (法51)	10/10 (法51)	10/10 (法51)	10/10 (法51)	注1
乳児家庭全戸訪問事業		市町村			10/10 (法51)	10/10 (法51)	10/10 (法51)	10/10 (法51)	注1
養育支援訪問事業		市町村			10/10 (法51)	10/10 (法51)	10/10 (法51)	10/10 (法51)	注1
家庭的保育事業		市町村			10/10 (法51)	10/10 (法51)	10/10 (法51)	10/10 (法51)	注1
保育所の運営費	都道府県立施設	都道府県		10/10 (法50)					地方交付税
	市町村立施設	市町村			10/10 (法51)	10/10 (法51)	10/10 (法51)	10/10 (法51)	地方交付税
	私立施設	市町村	1/2 (法53)	1/4 (法55)	1/4 (法51)	1/2 (法51)	1/2 (法51)	1/2 (法51)	
助産施設，母子生活支援施設の運営費	市および福祉事務所を管理する町村の実施　都道府県立施設	都道府県 (指定都市) (児童相談所設置市) (中核市)	1/2 (法53)	1/2 (法50)		1/2 (法50)	1/2 (法50)	1/2 (法50)	
	市町村立施設，私立施設	市町村	1/2 (法53)	1/4 (法55)	1/4 (法51)	1/2 (法51)	1/2 (法51)	1/2 (法51)	
	都道府県の実施	都道府県	1/2 (法53)	1/2 (法50)					
障害児施設給付費等		都道府県 (指定都市) (児童相談所設置市)	1/2 (法53)	1/2 (法50)		1/2 (法50)	1/2 (法50)		
その他の児童福祉施設の措置費		都道府県 (指定都市) (児童相談所設置市)	1/2 (法53)	1/2 (法53)		1/2 (法50)	1/2 (法50)		
里親		都道府県 (指定都市) (児童相談所設置市)	1/2 (法53)	1/2 (法50)		1/2 (法50)	1/2 (法50)		

費用区分	支弁者							備考
国立児童福祉施設入所者の措置費	国	10/10(法49の2)						
児童自立生活援助	都道府県(指定都市)(児童相談所設置市)(中核市)	1/2(法53)	1/2(法50)		1/2(法50)	1/2(法50)	1/2(法50)	
一時保護	都道府県(指定都市)(児童相談所設置市)	1/2(法53)	1/2(法50)		1/2(法50)	1/2(法50)		
児童相談所の設備費	都道府県(指定都市)(児童相談所設置市)		10/10(法50)		10/10(法50)	10/10(法50)		
児童福祉施設の設備費　都道府県立	都道府県		10/10(法50)					
市町村立	市町村			10/10(法51)	10/10(法51)	10/10(法51)	10/10(法51)	
児童福祉施設の職員の養成施設　都道府県立	都道府県		10/10(法50)					地方交付税
市町村立	市町村			10/10(法51)	10/10(法51)	10/10(法51)	10/10(法51)	地方交付税
私立児童福祉施設の設備費	都道府県(指定都市)(児童相談所設置市)(中核市)		3/4(法56の2)		3/4(法56の2)	3/4(法56の2)	3/4(法56の2)	注2

※指定都市・中核市・児童相談所設置市の根拠条文は，法59条の4により適用される．
注1）国が次世代交付金により，2分の1相当を負担する．
注2）本項の費用は補助金で，補助の割合は補助の最高限度を示す．また，国が次世代交付金により，都道府県・市町村の負担分の2分の1相当を負担する．
出所）『児童福祉六法（平成23年版）』中央法規，2010年，pp.33-34

注）
1) 就学前の教育と保育を一体的に捉え，一貫して提供する新たな枠組みとして，2006年に開設された．教育・保育の提供と地域における子育て支援の2つの機能を有する．「幼保連携型」，「幼稚園型」，「保育所型」，「地域裁量型」の4つの種別がある．
2) ただし，地方社会福祉審議会に児童福祉に関する事項を調査審議させる場合は，児童福祉審議会を設置する必要はない（児童福祉法第8条）．
3) 社会保障審議会と都道府県児童福祉審議会は，児童及び知的障害者の福祉を図るため，芸能，出版物，がん具，遊戯等を推薦し，またそれらを製作し，興行し，もしくは販売する者等に対し，必要な勧告をすることができる（同上）．

参考文献
井村圭壯・相澤譲治編著『児童家庭福祉の理論と制度』勁草書房，2011年
厚生労働省編『厚生労働白書（平成23年版）』2011年
厚生労働統計協会編『国民の福祉の動向2011／2012』厚生労働統計協会，2011年
社会福祉士養成講座編集委員会編『児童や家庭に対する支援と児童・家庭福祉制

度』中央法規, 2011年
内閣府編『子ども・子育て白書(平成23年版)』2011年
山本隆・山本惠子・岩満賢次・正野良幸・八木橋慶一編『よくわかる福祉財政』
　ミネルヴァ書房, 2010年

Ⅵ

児童家庭福祉の実施体制と専門職

1. 児童家庭福祉の実施機関

　国の社会福祉の行政機関の中心は厚生労働省で，児童福祉行政は厚生労働省雇用均等・児童家庭局が担当している．

　雇用均等・児童家庭局は2000（平成12）年1月の省庁再編成によって旧厚生省の児童家庭局と旧労働省の女性局が統合され，新たに設置された部局である．この部局では，児童福祉に関する総合的な企画立案，予算の配分，地方行政などの指導を行っている．

　地方自治体における児童福祉担当部局の名称は自治体ごとに異なるが，民生局（部）や福祉局（部）などが多く用いられている．最近では保健と福祉を統合して，保健福祉部（局）や福祉保健部（局）などの名称もみられる．その下に児童福祉を担当する児童課，児童福祉課などが置かれ，児童福祉の企画，予算の執行，児童扶養手当や特別児童扶養手当の支給事務，児童福祉関係団体の育成指導，児童福祉施設の指導監査などの業務を行っている．

　担当課となると一般的には児童福祉課，児童家庭課，保育課，保育福祉課などが多い．また，福祉という名称をはずして子ども課や子ども家庭課など，子どもそのものを対象とすることを全面に出した名称もみられる．

　市町村では児童課や保育課などが置かれ，児童の健全育成事業，児童館の運営，保育所の設置運営，児童に関する手当の支給事務などを行っている．小規模の市町村では，子ども固有の課を設けず，高齢者なども含めた福祉課やさらに小規模な市町村では，住民生活に関連する事務を合わせて，生活課や住民課で所管しているところもある．

　児童福祉法で規定される公的実施機関としては，児童相談所，福祉事務所，

保健所などが置かれている．

§1 児童相談所

　児童相談所は市町村間との連携を図りながら，家庭その他からの相談や通告により，その児童の生活歴，発達，行動，地域の状況などを専門的見地から的確に把握し，児童・家庭の福祉ニーズの把握とその充足のための方策を講じることをとおして，援助を行う専門機関である．

　児童相談所は都道府県・指定都市（中核都市は任意）および人口50万人に1か所に設置が義務づけられており，2009（平成21）年には全国に201か所設置されている．

　職員には所長，ソーシャルワーカー（児童福祉司・相談員），医師（小児科・精神科），心理判定員，保育士などが配置されており，子どもに関するさまざまな相談に応じ，必要な調査，医学的診断・心理的・教育学的・社会学的および精神保健上の判定を行い，それに基づく指導，児童福祉施設への入所措置，また，必要に応じた児童の一時保護などを行っている．

　このほか親権者の親権喪失の宣告請求，後見人選任および解任の請求を家庭裁判所に対して行っている．

　児童相談所の相談受付件数は，2009（平成21）年には37万1,800人と年々増加している．その内容としては，養護相談（保護者の病気・家で・離婚などによる養育困難，放任，虐待など），非行相談，（反社会的な問題行動など），心身障害相談（知的障害，肢体不自由，自閉症など），育成相談（しつけ，性格行動上の問題，不登校など）である．

　療育手帳の交付など，知的障害に関する相談が多いが，児童虐待などの問題があり，一時期減少傾向にあった養護相談が急増している．このように児童と家庭をめぐる問題も児童虐待，非行，障害，子育ての不安など相談内容も複雑多様化している．

　児童と家庭をめぐる問題も児童虐待，子育て不安，障害，非行など，その内

容が複雑多様化し，児童相談所だけでは対応が困難であるということから1997（平成9）年の児童福祉法の改正のなかで児童家庭センターが創設された．

児童家庭センターは「地域の児童に関する各般の問題につき，児童に関する家庭その他からの相談のうち，専門的な知識および技術を必要とするものに応じ，必要な助言を行うとともに，市町村の求めに応じ，技術的助言その他必要な援助を行うこと」「児童福祉法44条の2」を目的に児童福祉施設に併設している．

§2） 福祉事務所

福祉事務所は「社会福祉法」第14条において「福祉に関する事務所」として規定されている．都道府県および市（特別区を含む）は条例で，福祉事務所を設置する義務があり，町村は任意設置である．2011（平成23）年には全国に1,244か所設置されている．

職員構成は，所長，身体障害者福祉司，知的障害者福祉司，査察指導員，社会福祉主事などが配置されている．

福祉事務所が担う児童福祉に関する業務内容は，都道府県および市町村長からの委託を受け，児童および妊産婦の福祉に関する事項について実情の把握，調査，指導を行うことおよび家庭その他からの相談に応じて，必要な調査および指導を個人・集団的に行うことである．

また，児童福祉施設入所，里親委託などの措置や，その他医学的，心理学的，教育学的，社会学的および精神保健上の判定が必要な場合の児童相談所送致．助産施設，母子生活支援施設への入所が必要な場合には，措置権者である都道府県もしくは市町村長に報告や通知を行うこと．さらには，保育所による保育が適当であると認める子どもの場合は，保育を実施する市町村長への報告や通知も行う．

なお，家庭に対する相談指導のさらなる充実を図るために福祉事務所には家庭児童相談室が設置され，家庭子ども福祉に従事する社会福祉主事，家庭相談

員が配置されている.

§3 保健所

地域住民の公衆衛生の向上および増進を図るとともに，高度化する保健，衛生などに的確に対応するよう都道府県および指定都市，中核都市，政令で定める市または特別区に設置（地域保健法第5条）される．

児童福祉関連業務は母子保健および身体障害児などの分野において大きな役割を果たしている．主な業務は，① 児童の保健・予防に関する正しい知識の普及，② 児童の健康相談・健康診査・保健指導・未熟児に対する訪問指導や医療の援護，③ 身体障害児および疾病により長期にわたる療養を必要とする児童に対する養育指導，④ 児童福祉施設に対する栄養改善・その他の衛生に関する助言である．

保健所の相談指導にあたる者は，医師，保健師，栄養士，精神保健福祉相談員[1]などである．

2011（平成23）年4月現在全国に495か所設置されている．また，同年，児童相談所長は，相談に応じた児童，その保護者，妊産婦，保健所に対し，保健指導やその他の必要な協力を要請することができるとした．

保健センターにおいては地域住民の身近な保健サービスとして乳幼児の健康診査や妊産婦，新生児，乳幼児への家庭訪問などの健康相談，健康診査，保健指導，その他の地域保健に関する事業を行っている．

2. 児童家庭福祉の施設

児童福祉施設は，児童の権利を保障するものであり，子どもやその保護者などに適切な環境を提供し，療育，保護，訓練，育成，自立支援などのサービスを提供することを目的としている．また，国および地方公共団体は施設を設置

して児童の保護者とともに，児童の心身の健やかな育成に関する義務を負っている．

「児童福祉法第7条」では，「助産施設」，「乳児院」，「母子生活支援施設」，「保育所」，「児童厚生施設」，「児童養護施設」，「知的障害児施設」，「知的障害児通園施設」，「盲ろうあ児施設」，「肢体不自由児施設」，「重症心身障害児施設」，「情緒障害児短期治療施設」，「児童自立支援施設」および「児童家庭センター」の14の施設を規定している．

利用形態別にみると，知的障害児施設や児童養護施設のように家庭養育機能の代替を果たす入所型施設，保育所・知的障害児通園施設のように家庭養育機能を補完する通所型施設，さらには児童家庭センターや児童館のように家庭養育の支援を機能とする利用型施設に分類することができる．

児童福祉施設は，社会福祉施設の約半分を占めており，約3万3,000施設あるが，ここ20年の間で施設数の伸びは低くなっている．この背景には，児童福祉施設のほぼ3分の2を占める保育所や，知的障害児施設，肢体不自由児施設などの入所者の減少がある．

逆に，通所型の障害児施設や，児童館・児童遊園などの児童厚生施設は増加傾向にある．以下，代表的な施設の概要をみることとする．

§1 乳児院

乳児院は両親の離婚や疾病，行方不明，未婚，虐待，遺児など，何らかの理由により家庭での養育が困難な1歳未満の乳児（保健上，安定した生活環境の確保その他の理由により，特別に必要性がある場合には幼児を含む．）を入院させ，乳児の健全な発育を促進し，あわせて退院した者について相談その他の援助を行う施設である．

1997（平成9）年の児童福祉法改正では，疾病や障害などにより生活環境の確保が困難な場合には，満2歳に達するまで，さらに2004（平成16）年の改正では小学校就学前まで継続して生活ができるよう年齢要件が緩和された．

また，家庭復帰に向けて，児童と保護者の関係を調整する家庭支援専門相談員（ファミリーソーシャルワーカー），さらに被虐待児が20名以上生活する施設には被虐待児個別対応職員の配置ができることとなった．

§2〕 保育所

日々保護者の委託を受けて，保育に欠ける乳児または幼児を保育することを目的としており，0歳から小学校就学前までの児童が家族の下から通って利用する施設である．

2008（平成20）年の児童福祉法改正により，子育て支援事業等の法定化がなされ，保育所では「センター型」（地域子育て支援センター）として展開されている．この事業は，主に3歳未満の子どもと保護者の交流の場を設け，子育てに関する相談，情報提供，助言などを行うもので，子育て中の親の孤独感や不安の緩和や孤立化の防止による子どもの健やかな育ちの促進を目的としている．

このように，保護者の就労形態の多様化に伴い，延長保育や休日保育，さらには保護者に対する相談援助としての地域子育て支援拠点事業なども実施しており，保育所は子育て家庭にとって最も身近な相談援助機関となりうるものである．

§3〕 児童厚生施設

児童厚生施設は屋内施設である児童館（集会室，遊戯室，図書館など）および屋外施設である児童遊園（広場や遊具設備，水飲み場など）の提供を通じ，児童の心身の健全な発達を図ることを目的としている．

児童館は18歳までのすべての子どもを対象としており，その規模によって，小地域を対象とする小型児童館，小型児童館に体力増進のための指導機能を加えた児童センター，広域児童を対象とする大型児童館がある．

その役割は，①子どもが自発的，意欲的な遊びを通じた育成機能，②運営委員会が中心となり，地域のニーズに応じたプログラムを創出する地域活動促

進機能，③児童の居場所づくりや子育て中の保護者の孤立化防止などの子育て支援機能，の3つに大別される．

地域の実情に応じて設置することができる施設であり，2008（平成20）年現在，全国に4,689か所ある．

§4〕 児童養護施設

満1歳以上から18歳に達するまでの児童（進学もしくは障害などが理由の場合は20歳まで延長可能）のうち，保護者の行方不明，入院，養育拒否，虐待，精神疾患など家族環上，養護を必要とする児童を入所させて生活習慣の確立，生活指導，学習指導，就職や進学指導，家族調整支援を行い，あわせて退所した者に対する相談その他の自立のための援助を行う施設である．

1997（平成9）年の法改正により名称が児童養護施設となり，その目的に自立支援が導入された．加えて，入所にあたっての本人の意向の確認，子ども，保護者，関係機関に意見をふまえた自立支援計画の作成が義務づけられた．

近年の児童虐待に伴う入所児童の増加から，1999（平成11）年から心理療法が必要な子どもが10名以上入所している場合には心理療法を担当する職員を配置することとなった．

また，2004（平成16）年，児童福祉法の改正により，児童養護施設が退所後の相談指導を行うことが規定された．

2009（平成21）年現在，全国に575か所あり，2008（平成20）年2月現在の児童養護施設入所児童等調査によると，入所児童のうち「虐待経験あり」が53.4％と，最近の傾向としては虐待や家庭養育に関わるケースが多く，とくにネグレクトを含む虐待，不況による経済的問題の増加が顕著で，保護者の死亡や入院などは減少傾向にある．

§5〕 知的障害児施設

児童福祉法第42条において，「知的障害のある児童を入所させて，これを保

護するとともに，独立自活に必要な知識技能を与えることを目的とする施設」と規定されている．

知的障害の原因はさまざまであり，身体疾患や，その原因が不明であることも多い．現在では，原因にかかわらず，発達に何らかのつまずきをもつ児童（自閉症，注意欠陥多動性障害等，学習障害など）を発達障害とし，知的障害もそのひとつとして捉えられている．

入所の判定は児童相談所による知的障害と日常生活に関するスキルの程度など，医学的・心理学的・教育，社会福祉的視点からの検討をふまえたものである．

知的障害児施設は，18歳までの知的障害児が生活するための施設であるとともに，多くの社会経験を通じた全人的な発達を促す場でもある．

§6 重症心身障害児施設

重度の肢体不自由と重度の知的障害が重複している児童を入所させ，保護し，治療，日常生活の指導を行う施設である．児童福祉法第63条の3により満18歳未満の子どもを対象にした施設でありながら，年齢区分を越えた「児・者一貫」として扱われている．

療育や訓練を行う専門職が配置されており，医療的ケアとともに，リハビリテーション訓練や教育・生活指導が行われる．

3. 児童家庭福祉の専門職

児童家庭福祉の専門職の位置づけは相談機関や児童福祉施設に所属する者，医師や看護師など関連分野の者，さらには地域社会で関わりをもつ者など，広範にわたっている．これらの人びとが一定の専門性に基づいて各々の職責を果たしており，連携や協働を通じた目的の達成が期待されている．

児童家庭福祉の専門職は，具体的には主に3つに分類することができる．
それぞれ，代表的な専門職の役割や特徴についてみてみよう．

§1 児童家庭福祉固有のソーシャルワーカーとケアワーカー

ソーシャルワーカーとしては社会福祉士，児童福祉司，社会福祉主事，児童指導員，家庭支援専門相談員などがあげられる．ケアワーカーとしては保育士，児童生活支援員がある．

(1) 児童福祉司

都道府県と指定都市に設置されている児童相談所に配置されている．その職務は，児童福祉に関する相談に応じるための面接，家庭訪問や関係機関との連絡調整などである．

処遇内容としては，相談助言，児童福祉施設や里親への措置，家庭裁判所など，他の機関への送致や斡旋がある．

(2) 社会福祉主事

福祉事務所における家庭児童相談室に，家庭相談員とともに子ども家庭福祉に関する業務を行う職員として配置されている．その職務は，子どものくらしに関する状況把握，情報提供，家庭などからの相談に応じた調査や指導である．

家庭相談員は比較的小地域を単位として障がい児，不登校，家族関係，発達の遅れ，生活習慣，非行などに関する相談指導を行う．

(3) 保育士

乳児院，保育所，児童養護施設などの児童福祉施設において18歳未満の児童の保育に従事する職員の総称であって男女問わず用いられる．

2001（平成13）年の児童福祉法の改正により名称独占の国家資格として児童福祉法に正式に位置づけられた．その職務内容は機関によって異なり，保育所では乳幼児の保育や保育計画の立案を中心としながら，保護者や地域住民に対する子育て支援の中核を担う専門職としての期待も高まっている．

知的障害児施設や重症心身障害児施設などの入所施設では，身体的ケアから掃除や洗濯といった家事一般，生活指導や学習指導，自立支援など，幅広い職務を担っている．

(4) 児童指導員

児童家庭福祉施設で生活する0歳〜18歳までの子どもに対する直接処遇職員として，ほとんどの児童家庭福祉施設に配置されている．その役割は子どもの生活指導や処遇計画の作成，生活全般におけるケア，さらにはケースワークやグループワークを通じた家庭をめぐる諸問題の調整，児童相談所や学校との連絡調整なども担っている．

施設の種別や特色により，その業務は異なるが，保育士も指導員との職名で機能しているところもあり，明確な区別がなされていない場合もある．

(5) 児童厚生員

児童厚生施設（児童館，児童遊園）に配置されており，児童福祉施設最低基準第38条に規定される「児童の遊びを指導する者」として位置づけられている．その基礎資格は保育士，社会福祉主事，小・中・高の教員免許取得者などである．

主な役割は，遊びの教育力による子どもの健全な発達の支援である．また，子どもへの直接指導とともに，子育て支援環境などを含めた地域全体を視野に入れた関係機関との連携や連絡調整機能も期待されている．

§2 児童家庭福祉分野における関連領域の専門職

医師，看護師，保健師，臨床心理士，教師，弁護士など多領域の専門職のことである．

§3 ボランティアなどインフォーマルな領域における担い手

民生児童委員，里親，NPO団体，地域住民などである．

(1) 民生児童委員・主任児童委員

児童福祉法に規定され，都道府県知事の推薦を得て，厚生労働大臣の委嘱に

より任命される民間ボランティアである．任期は3年で民生委員との兼務が多い．

その活動内容は，担当地区の児童や妊産婦に対する①生活状況の把握と情報提供などの援助，②保健，福祉，保護，その他の福祉サービスを適切に利用できるような支援，③児童福祉司，その他の福祉関係者との連絡調整と連携，④その他福祉の増進などを主な職務としている．

1994（平成6）年に地域の児童・子育て支援を推進するために区域を限定せずに児童福祉に関する事項について専門に扱う主任児童委員が創設された．厚生労働大臣の指名であり，児童家庭福祉分野において豊富な経験をもつ児童委員の中から選任される．

近年では児童虐待問題の深刻化に伴い，その予防の要として，また，児童虐待の通告の仲介機関としての役割などの期待が高まっている．

(2) 里親

保護者のない児童または保護者に監護させることが不適当と認められる児童の養育を希望する者であって，都道府県知事が認めるものである．

2009（平成21）年1月の法改正により，養子縁組を前提とした里親と養育里親の区別，養育里親が制度化された．この養育里親については，専門性の向上のための実習を含む一定期間の研修が義務づけられた．

注）
1）「精神保健福祉法48条に基づき，精神保健福祉センター及び保健所に配置される職員．精神保健及び精神障害者の福祉に関する相談に応じ，指導・援助を行う．精神保健福祉士の資格が活かされる資格のひとつである．

参考文献
吉澤英子・小舘静枝編『児童福祉（第4版）』ミネルヴァ書房，2008年
松井圭三・小倉毅編『児童家庭福祉』大学教育出版，2010年
神戸賢次・喜田一憲編『新選　児童の社会的養護原理』みらい，2008年
松原康雄・山縣文治編『新・社会福祉士養成テキストブック⑧　児童福祉論』ミネルヴァ書房，2008年

VII

保育サービス

1. 保育サービスとは

§1　就学前児童のための保育・教育施設

まずはじめに，就学前の児童のために開設されている施設のなかでも，中心的な役割を担っている保育所（認可保育所）と幼稚園について紹介する．

表Ⅶ─1のように，保育所は，児童福祉法第39条に定められる「日日保護者の委託を受けて，保育に欠けるその乳児又は幼児を保育することを目的とする」，厚生労働省所管の児童福祉施設である．幼稚園は，学校教育法第22条に定められる「義務教育及びその後の教育の基礎を培うものとして，幼児を保育し，幼児の健やかな成長のために適当な環境を与えて，その心身の発達を助長することを目的とする」，文部科学省所管の学校である．歴史的制度的に，それぞれの目的や機能は異なる．現状では，働く母親が増えていることもあり，保育所数および保育所利用者数は増加しており，幼稚園は減少の傾向にある．

§2　わが国の保育サービス

図Ⅶ─1のように，わが国の保育サービスは，その利用目的や設置者によって施設が分かれており，保育所には，認可保育所（公立保育所・私立保育所），認可外保育施設（ベビーホテル・事業所内保育施設・その他の認可外保育施設）があり，幼稚園には，公立幼稚園・私立幼稚園，認定こども園には，幼保連携型・幼稚園型・保育所型・地方裁量型がある．

表VII—1　保育所と幼稚園の比較一覧

事項	保育所	幼稚園
管轄省	厚生労働省	文部科学省
根拠法令	児童福祉法	学校教育法
目的	「日日保護者の委託を受けて，保育に欠けるその乳児又は幼児を保育すること」（児童福祉法第39条）	「義務教育及びその後の教育の基礎を培うものとして，幼児を保育し，適当な環境を与えて，その心身の発達を助長すること」（学校教育法第22条）
機能・役割	保護者の就労等により保育に欠ける乳児または幼児等を保育する児童福祉施設	満3歳から小学校就学の始期に達するまでの幼児を対象に教育を行う学校
設置主体・管理運営	地方公共団体，社会福祉法人等	国，地方公共団体，学校法人等
入園・入所	保護者と市町村の契約	保護者と幼稚園設置者の契約
保育・教育内容	保育所保育指針	幼稚園教育要領
1日の保育・教育時間	8時間を原則とし，保育所長が定める（約300日）	4時間を標準として各園で定める（39週以上）
保育料	市町村ごとに家庭の所得等を勘案して設定	設置者が定める
職員配置基準	乳幼児数　：保育士数の基準 0歳　　　3：1 1, 2歳　　6：1 3歳　　　20：1 4, 5歳　　30：1	1学級35人以下
保育者の資格・免許	保育士資格	幼稚園教諭免許状 専修（大学院修了） 1種（大学卒業） 2種（短大卒業等）
施設数 （平成22年）	23,068か所 （前年より143か所増）	13,392園 （前年より124園減）
利用児童数	2,080,114人 （前年より39,140人増）	1,605,912人 （前年より24,424人減）

出所）文部科学省「学校基本調査平成22年度」，厚生労働省「保育所関連状況取りまとめ（平成22年4月1日）」を参考に作成．

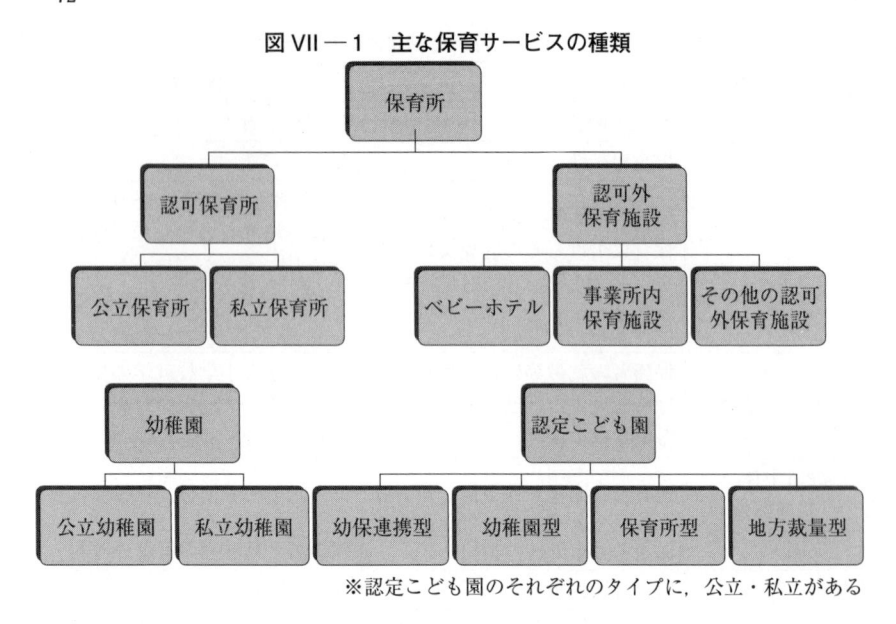

図 VII－1　主な保育サービスの種類

```
                            保育所
              ┌──────────────┴──────────────┐
          認可保育所                      認可外
                                        保育施設
         ┌────┴────┐            ┌────────┼────────┐
      公立保育所  私立保育所    ベビーホテル  事業所内   その他の認可
                                          保育施設   外保育施設

            幼稚園                      認定こども園
         ┌────┴────┐          ┌────────┬────────┬────────┐
      公立幼稚園  私立幼稚園   幼保連携型  幼稚園型  保育所型  地方裁量型
```

※認定こども園のそれぞれのタイプに，公立・私立がある

2. 保育サービスの現状

　保育サービスの現状としくみについて，全体像をまとめると，次のようになる．

§1　保育施設の種類

　保育所とは両親が共働きである等の理由で，「保育に欠ける児童」を日中保護者に代わって保育することを目的とした児童福祉施設のひとつである．「保育に欠ける児童」であるかどうか具体的な基準は，各市町村が定めているが，共働き，病気，介護，災害等止むを得ない事情で子育てをできない状態であることを条件としている．ここでは，認可保育所，認可外保育施設，そして認定こども園も含めて，3つの保育施設について紹介する．

(1) 認可保育所

1) 認可保育所の特徴

認可保育所（一般的に言う「保育所」）とは，広さや設備，職員数や資格等について，国の最低基準を満たして認可された保育施設のことである．2010年4月には，全国で2万3,068か所，定員は213万2,081人，入所児童数は208万114人となっている（表Ⅶ-1参照）[1]．2001年から，保育所数，定員，入所児童数はすべて増加している．認可保育所には，国や自治体から運営費が補助されており（児童福祉法第53条および第55条），園庭や調理施設等が整備されている．保護者が支払う保育料も所得に応じて軽減されている．認可保育所はさらに，①市町村が運営する「公立認可保育所」と，②社会福祉法人などが運営する「私立認可保育所」の2つに分かれる．保育所数は，公立が46.7％，私立が53.3％となっており，近年の民営化，民間移管の進展により，2008年に公私の数が逆転して以降，私立保育所の方が多くなり，その差が広がっている．公立と私立では，設備や保育士の人数の面ではあまり違いはないが，公立の方が経験年数の多い保育士の比率が高くなっている．また，私立の方が低年齢児，とくに0歳児を多く受け入れているという特徴が見られる．

2) 保育所の役割

保育所保育指針解説書[2]によると，保育所の役割は次のようになっている．

保育所保育の目的

(1) 保育所は，児童福祉法（昭和22年法律第164号）第39条の規定に基づき，保育に欠ける子どもの保育を行い，その健全な心身の発達を図ることを目的とする児童福祉施設であり，入所する子どもの最善の利益を考慮し，その福祉を積極的に増進することに最もふさわしい生活の場でなければならない．

保育所の特性

(2) 保育所は，その目的を達成するために，保育に関する専門性を有する

> 職員が，家庭との緊密な連携の下に，子どもの状況や発達過程を踏まえ，保育所における環境を通して，養護および教育を一体的に行うことを特性としている．
>
> 子育て支援
> (3) 保育所は，入所する子どもを保育するとともに，家庭や地域の様々な社会資源との連携を図りながら，入所する子どもの保護者に対する支援及び地域の子育て家庭に対する支援等を行う役割を担うものである．
>
> 保育士の専門性
> (4) 保育所における保育士は，児童福祉法第18条の4の規定を踏まえ，保育所の役割及び機能が適切に発揮されるように，倫理観に裏付けられた専門的知識，技術及び判断をもって，子どもを保育するとともに，子どもの保護者に対する保育に関する指導を行うものである．

すなわち，保育所は，養護と教育を一体的に行うことを特性とし，環境を通して子どもの保育を総合的に実施する役割を担うとともに，保護者に対する支援（入所する児童の保護者に対する支援および地域の子育て家庭に対する支援）を行うことが明記されている．そのうえで，保育所における保育の中核的な担い手である保育士の業務とともに，保育所の社会的責任（子どもの人権の尊重，説明責任の発揮，個人情報保護など）について規定しているのである．

(2) 認可外保育施設

認可外保育施設とは，児童福祉法に基づく都道府県知事などの認可を受けていない保育施設のことで，認可保育所以外の保育施設の総称である．そのうちベビーホテルは，①夜8時以降の保育，②宿泊を伴う保育，③一時預かり，のいずれかを常時運営している施設である．2010年には，ベビーホテルは1,756か所あり，3万2,013人が利用している[3]．事業所内保育施設とは，事業主等がその雇用する労働者の乳幼児を保育するために自ら設置する施設，また

は当該事業主からの委託を受けて当該労働者の乳幼児の保育を実施する施設である．

認可外保育施設の特徴としては，認可保育所と比較して小規模の施設が多く，家庭的な保育を実施しているところがある反面，園庭や施設の面では，認可保育所と比べると整備されていないところが多い．利用の理由としては，①時間的な融通がきく，②出産直後から預かってくれる，③早朝・夜間も利用できる，④子どもが病気の時でも利用できるなどが挙げられており，認可保育所が応えきれていない事業にも対応している．認可外保育施設においては，子どもが劣悪な環境に保育されることを避けるため，指導監督基準が作成されており，届出制や指導監督の強化などの対応もとられている．

(3) 認定こども園

認定こども園とは，保護者の就業の有無にかかわらず就学前児童に教育・保育を一体的に行う機能と，地域における子育て支援を行う機能を備え，都道府県知事に認定された施設のことである．「経済財政運営と構造改革に関する基本方針 2003」(2003 年 6 月 27 日閣議決定) 等を踏まえ，2006 年 10 月から「就学前の子どもに関する教育，保育等の総合的な提供の推進に関する法律」の施行に伴い開始された．幼稚園と保育所の一元化ではなく，新たに総合施設 (認定こども園) を設けるという構想であった．

2011 年現在，認定こども園の認定件数は 762 件あり，内訳は幼保連携型 406 件，幼稚園型 225 件，保育所型 100 件，地方裁量型 31 件となっている．[4]

① 幼保連携型：認可幼稚園と認可保育所とが連携して，一体的な運営を行うことにより，認定こども園としての機能を果たすタイプ
② 幼 稚 園 型：認可幼稚園が，保育に欠ける子どものための保育時間を確保するなど，保育所的な機能を備えて認定こども園としての機能を果たすタイプ
③ 保 育 所 型：認可保育所が，保育に欠ける子ども以外の子どもも受け入

れるなど，幼稚園的な機能を備えることで認定こども園としての機能を果たすタイプ
④ 地方裁量型：幼稚園・保育所いずれの認可もない，地域の教育・保育施設が，認定こども園として必要な機能を果たすタイプ

認定こども園の認定基準は次のようになっている[5]．
1）職員配置
　① 0～2歳児については，保育所と同様の体制で配置する．
　② 3～5歳児については，学級担任を配置し，長時間利用児には個別対応が可能な体制で配置する．
2）職員資格
　① 0～2歳児については，保育士資格保有者が担当する．
　② 3～5歳児については，幼稚園教諭免許と保育士資格の併有が望ましいが，学級担任には幼稚園教諭免許の保有者，長時間利用児への対応については保育士資格の保有者を原則としつつ，片方の資格しか有しない者を排除しないよう配慮する．
3）教育・保育の内容
　① 幼稚園教育要領と保育所保育指針の目標が達成されるよう，教育・保育を提供する．
　② 施設の利用開始年齢の違いや，利用時間の長短の違いなどの事情に配慮する．
　③ 認定こども園としての一体的運用の観点から，教育・保育の全体的な計画を編成する．
　④ 小学校教育への円滑な接続に配慮する．
4）子育て支援
　① 保護者が利用したいと思ったときに利用可能な体制を確保（親子の集う場を週3日以上開設するなど）する．

② さまざまな地域の人材や社会資源を活用する．

§2 多様な保育サービス

保護者の短時間勤務や夜間勤務などのさまざまな働き方，職場との近さや広範囲に渡る需要，少人数保育の希望など，多様な保育ニーズに対応するため，以下のような保育サービスが実施されている（表Ⅶ-2）[6]．

(1) 延長保育

延長保育とは，保育時間延長のニーズに応じるため，保育所の通常の開所時間（11時間）を超えて保育を実施する事業で，2007年には1万5,076か所で実施されている．近年増加の傾向をたどっているが，延長保育の実施にあたっては，保護者の要望を優先するだけではなく，子どもの心身の状態を最優先とする保育所の判断も必要である．

(2) 休日保育・夜間保育

休日保育とは，日曜日，国民の祝日等に保育所等で児童を保育することで，2008年には927か所で実施されている．夜間保育所は，原則として午前11時から午後10時までの11時間保育を行い，2008年には77か所で実施されている．現状では，夜間保育のみの保育所が開設されているわけではなく，通常の保育所に夜間保育所が併設されている場合が多い．

(3) 特定保育

育児期の母親が希望する働き方は，① 1歳～小学校就学までは短時間勤務，② 残業のない働き方，となっている[7]．特定保育は短時間勤務等に対応するため，保育所等において週2～3日程度または午前か午後のみ，必要に応じて柔軟に利用できる保育サービスで，2008年には1,057か所で実施されている．

(4) 病児・病後児保育

病児・病後児保育は，地域の児童を対象に，当該児童が発熱等の急な病気となった場合，病院・保育所等に付設された専用スペースにおいて看護師等が保育する事業，および保育中に体調不良となった児童を保育所の医務室等におい

表VII−2 多様な保育サービスの現状

事業名	事業内容	実績	地域における箇所数
延長保育	11時間の開所時間を超えて保育を行う	15,076か所（2007年）	認可保育所の65.8%
休日保育	日曜・祝日等の保育を行う	927か所（2008年）	認可保育所の4.0%，1市区町村あたり0.51か所
夜間保育	22時頃までの夜間保育を行う	77か所（2008年）	認可保育所の0.34%，1市区町村あたり0.04か所
特定保育	週2～3日程度または午前か午後のみ，必要に応じて柔軟に保育を行う	1,057か所（2008年）	認可保育所の4.6%，1市区町村あたり0.58か所
病児・病後児保育	① 病児対応型：病院・保育所等の付設の専用スペースで，看護師等が地域の病児（10歳未満）を一時的に預かる ② 病後児対応型：病院・保育所等の付設の専用スペースで，看護師等が地域の病後児（10歳未満）を一時的に預かる ③ 体調不良児対応型：保育所において，体調不良となった児童を一時的に預かる	1,164か所（2008年）	認可保育所利用児童1,753人あたり1か所，1市区町村あたり0.64か所
家庭的保育	保育に欠ける乳幼児について，保育士または看護師の資格を有する家庭的保育者の居宅などにおいて，保育所と連携しながら，少数の主に3歳児未満児を保育する	家庭的保育者数130人 利用児童数491人（2008年）	1市区町村あたり家庭的保育者0.07人

注）市区町村の総数は1,811（2008年4月1日現在）．
出所）厚生労働省第2回社会保障審議会少子化対策特別部会保育第二専門委員会資料1−2「多様な保育関連給付メニューについて（参考資料）」を参考に作成．

て看護師等が緊急的な対応等を行う事業である．2008年には1,164か所で実施されている．病児を預かる際には，① 健康な子どもたちとは触れ合わずに過ごすこと，② 子どもの病状を把握し，急変に対応できる看護師が保育を担当していること，③ 病状が重い場合は，家庭での保育を行うこと，を基本とし，あくまでも回復期の子どもを預かることなどの注意が必要となる．表VII－2のような事業類型がある．

(5) 家庭的保育（保育ママ）

家庭的保育事業は，児童福祉法の改正により，2010年4月から法定化された．市町村事業として，家庭的保育者による家庭的保育を支援する体制が確保されている．保育士または看護師，幼稚園教諭，研修を修了したその他の者で市町村長が家庭的保育者として認める者が，居宅等において少人数の児童（家庭的保育者が1人であれば児童は3人以下）の保育を実施している．保育士資格を有しない者が家庭的保育者となる場合は，研修（認定研修）を実施するとともに，就業前のすべての家庭的保育者に研修を課すほか，経験に応じた研修が実施されている．自治体によっては独自に実施していた事業であるが，法定化によって事業の普及拡大が図られ，待機児童対策としての効果が期待される．しかし，認知度はまだ低く，実施市町村，家庭的保育者数，利用者数いずれも，まだ少ない状況である．

(6) 一時預かり

子育て家庭においては，冠婚葬祭，保護者の通院，育児による心理的・身体的負担等のため，一時的に家庭での子育てが困難となることもある．一時預かりとは，保育所を利用していない家庭において，保護者の疾病や災害等により一時的に家庭での保育が困難となった児童について，保育所等において一時的に預かり，必要な保護を行う事業である．[8] 従来から一時保育促進事業として行われてきたが，児童福祉法の改正により，2009年度から児童福祉法に基づく一時預かり事業として実施されている．① 保育所において一時的に預かる「保育所型」，② 地域子育て支援拠点や駅周辺等利便性の高い場所などにおい

て一時的に預かる「地域密着型」などがある．

(7) 幼稚園における預かり保育

幼稚園における預かり保育は，4時間を標準とする幼稚園の教育時間の前後や，土曜・日曜，長期休業期間中に，当該幼稚園の園児のうち希望者を対象に実施し，教育活動を行うものである．従来から地域の実情に応じて，個々の幼稚園の判断で実施されてきたが，2000年から施行された幼稚園教育要領において，はじめて位置づけられた．現在の幼稚園教育要領では，「教育課程に係る教育時間の終了後に希望する者を対象に行う教育活動」と表現されている．2010年には1万58園（幼稚園の75.4%）で実施されており[9]，預かり保育のニーズ増加の背景には，少子化，都市化で子どもが同年代，異年齢の仲間と遊ぶ場・機会が減少していることや，核家族化や男女共同参画社会の進展によって，親からの託児の要望が増えていることがある．

3. 保育サービスの課題

§1 待機児童の問題

保育所の定員総数に占める利用児童数の比率（定員充足率）は，96.4%となっており，定員を若干下回っているにもかかわらず，保育所に入りたくても入れない待機児童が大勢いることも事実である．2003年は2万6,383人だった待機児童数は，その後減少に転じ，2007年には1万7,926人となるが，それ以降は増加し，2010年には2万6,275人となっている[10]．厚生労働省の定義としては，待機児童は，①保育所入所申込書が市区町村に提出され，②入所要件に該当しているものの中で，③現に保育所に入所していない児童としている．

こうした需要と供給のアンバランスな現象が起こるのは，児童の年齢や地域によって，需給がかなりばらついているからである．2010年の年齢別待機児童数を見ると，低年齢児（0−2歳）が82.0%を占めており，とくに1，2歳児

が全体の約7割を占めている．地域別に見ると，待機児童は大都市に集中しており，都市部の7都道府県，指定都市，中核市で全体の84.1%を占めている．待機児童の問題は，日本全国というよりも，大都市における低年齢児の問題なのである．

§2 保育サービスの質の確保

(1) 保育士不足の問題

待機児童解消のため保育所の新設が相次いでいる中，なかなか解消が進まない要因のひとつに，保育士不足がある．その背景には，待遇面の課題があり，全国保育協議会の調査によると[11]，2008年の初任保育士の賃金は平均241万9,000円（年間）で，社会保険料，所得税などの控除対象金額および賞与を含めていることから，手取り月額は14万円程度と推定される．また，正規保育士の61.5%が20～30歳代で，全保育士に占める非正規保育士の割合が増加の傾向にある．長時間開所，月例の低い乳児保育，保護者への支援など，保育士の役割が増える中，保育の専門性・実践のノウハウの継承に鑑み，継続雇用ができるよう処遇改善を図っていくことが，重要な課題である．保育士不足への対処方法のひとつとして，保育士資格を取得していながら，保育所等で就労していない人たちに対して，再就職支援のための効果的な研修および相談会等を行う等の，保育を担う潜在的な人材の掘り起こしや再教育も図られている．

(2) 保育サービスの質向上

保育サービスの質向上における課題を考える時，以下の3つの観点から検討する必要がある[12]．

1) 保育サービス制度の質

国の定める最低基準のあり方について，全国どこでも最低限の保育サービスの質を保障したうえで，利用者の意見や地域性，地方公共団体やサービス提供者の創意工夫の発揮が望まれる．

2）保育サービス内容の質

保育サービス内容については，その維持・向上を不断に図ることが必要であり，経験や勘に頼らない，科学的・実証的な調査・研究により継続的な検証を行っていく仕組みの構築が必要である．また，家庭の機能低下に伴う養育機能の肩代わり支援から，家庭養育力・教育力再生，向上のために，保護者育成支援への転換も重要である．

3）保育サービス提供者の質

以上のような保育サービスを充実させるためには，保育サービス提供者の養成や研修，適切な人員配置が重要である．また，子どもと保育者の継続的な関係を形成するためにも保育サービス提供者の安定的な労働条件の整備・改善，人材不足を解消するためにも，潜在的人材の掘り起こしを図る必要があろう．

注）
1）厚生労働省　雇用均等・児童家庭局保育課「保育所関連状況取りまとめ」2010年
2）厚生労働省　雇用均等・児童家庭局保育課「保育所保育指針」2008年
3）厚生労働省「認可外保育施設の現況（平成21年3月31日現在）」2010年
4）文部科学省・厚生労働省幼保連携推進室「認定こども園の2011年（平成23年）4月1日現在の認定件数について」2011年
5）文部科学省・厚生労働省幼保連携推進室「就学前の教育・保育のニーズに対応する新たな選択肢認定こども園」2011年
6）厚生労働省第2回社会保障審議会少子化対策特別部会保育第二専門委員会資料1―2「多様な保育関連給付メニューについて（参考資料）」2009年
7）厚生労働省第2回社会保障審議会少子化対策特別部会保育第二専門委員会資料1―1「多様な保育関連給付メニューについて（参考資料）」2009年
8）雇用均等・児童家庭局「全国厚生労働関係部局長会議（厚生分科会）資料（説明用資料）」2009年
9）文部科学省初等中等教育局幼児教育課「平成22年度幼児教育実態調査」2011年
10）前掲1）　厚生労働省　雇用均等・児童家庭局保育課，2010年
11）全国保育協議会「保育所の現状，課題と方策〜全保協『全国の保育所実態調査』」2008年
12）厚生労働省　第3回次世代育成支援のための新たな制度体系の設計に関する

保育事業者検討会資料1「保育サービスの質について(1)」2008年

参考文献
柏女霊峰『子ども家庭福祉論（第2版）』誠信書房，2011年
内閣府　国民生活局物価政策課「保育サービス市場の現状と課題―保育サービス価格に関する研究会報告書―」2003年
内閣府　少子化社会対策会議「子ども・子育て新システムの基本制度案要綱」2010年
内閣府　ゼロから考える少子化対策PT 第5会合資料4　吉田正幸「保育を取り巻く状況と今後の課題」2009年
野辺英俊「保育制度の現状と課題」国立国会図書館社会労働課，2010年
松本寿昭編著『子ども家庭福祉論―子どもの人権と最善の利益を守るために―』相川書房，2008年
文部科学省「学校基本調査　平成22年度」2010年

Ⅷ

子育て支援サービス

1. 子育て支援サービスとは

　子どもを通じて自分（親たち）の生活が豊かになるという実感がもてる社会は，すべての世代にとっても豊かな社会であろう．出産と，続く子育ては，一人ひとりが与えられた「いのち」に感謝するというチャンスを与えてくれる．
　また，子育ては「文化伝承」でもある．目に見えるものももちろんのこと，「目に見えない大切なもの」を次の世代へ伝える歩みでもある．親もかつては子どもとして前の世代から文化を伝えられてきた．親になって，子育ての最中であっても，子育てに一段落した前の世代から支えられている．親同士の助け合いグループ，学び合いグループが支えとなっている．家庭の中に閉じこもり，一人で子どもと向き合っているだけでは見つからないものがある．
　現在，子育てが困難である社会といわれている．昔は，母親一人で家事をこなし，5人も6人もの子どもを髪を振り乱しつつ，多忙極まる中で育てるのが一般的であった．現在は，赤ちゃんサークルもあれば，紙おむつ，ベビーカーなどのさまざまな育児用品，離乳食やすぐに食べることのできる育児食も揃っている．家事も，家電などの普及によってかなり省力化されている．育てる子どもの数も1〜2人という場合が一般的である．一見，昔と現在を比べると，育児負担は減っているようにみえる．しかし，育児困難を訴える親が増加しているのである．
　家庭では核家族化が進行し，その結果，子育ての伝承や家庭で支え合う子育ての基盤が失われつつある．地域社会の連帯が失われ，親（とくに仕事を離れた母親）は孤立して生活するケースが多くみられるようになっている．多くの者が，兄弟がいなかったり，周囲に子どもがいないなどで，小さい子どもの世話

をする経験が無いままに大人になっていく．生活する環境も清潔で，機械化・省力化されて便利になっているが，そればかりでは子育てにけっしてよい環境とはいえない．生活の多くが自動化され，マニュアル化された中で，子育ては非自動化，非マニュアル化の最たるものであるといえよう．しかしながら，少子化を背景として，子どもの自発性を無視して，早期から親が敷いたレールの上を歩ませようという傾向も出てきている．こういった状況から，現在の子育ては，昔の子育てとはまた違った困難さをかかえているといえる．

　現在の子育て支援とは，子育てを巡るさまざまな環境，状況の変化に応じて，行政レベルの法律・制度レベルの子育て支援や，地域社会レベルでの家族や周囲の知人・友人等の助け合いによる子育て支援が重なり合い，影響しあいながら，子どもをもつ親や家庭を支援することであるといえよう．それにより，子どもが育つ「育児」があり，親として育てられる「育自」があり，すべての世代にとっての豊かな社会という場が育つのである．

2. 子育て支援サービスの現状

§1　少子化対策の展開

　1995年の「エンゼルプラン」から少子化対策が始まった．その後，「新エンゼルプラン」，「子ども・子育て応援プラン」と経て，現在に至っている．

(1) エンゼルプラン——1995年から2005年の10年間の計画

　1994年に文部省（現在の文部科学省），厚生省（現在の厚生労働省），労働省（現在の厚生労働省），建設省（現在の国土交通省）の4人の大臣の合意によって，「今後の子育て支援のための施策の基本的合意について」（通称，エンゼルプラン）が，1995年から10年間の計画として発表された．これに基づき，地方自治体は，保育・子育て家庭支援等の実施計画である「児童育成計画」を策定することになった．この「児童育成計画」は，地方版エンゼルプランとも呼ばれるもので

ある.

エンゼルプランの特徴は，① 保育所入所児童数を上げて保育所入所待機児童を減らすこと，② 延長保育・放課後児童クラブ・地域子育て支援センターを拡充し，③ 育児休業給付水準を上げることなどであった.

(2) 緊急保育対策等5か年事業— 1995年から1999年の5年間の計画

エンゼルプランの一環として，大蔵省，厚生省，自治省の3大臣の合意によって「当面の緊急保育対策等を推進するための基本的な考え方」(通称，緊急保育対策等5か年事業) が発表された．これは，その後に続く子育て支援施策を大きく進展させる原動力となった．

(3) 少子化社会対策推進基本方針— 1999年

少子化社会対策推進基本方針は，エンゼルプラン前期の計画年次5年間を終了するにあたって，1999年に今後の子育て支援の方向を改めて検討したものとして発表された．ここでは，4つの基本視点と6つの基本的施策の実現をめざした基本的方針が示された．このうち6つの基本的施策の実現については，新エンゼルプランが策定され，より具体的な子育て支援が進められた．

少子化社会対策推進基本方針の4つの基本視点は，①「結婚や出産は，当事者の自由な選択に委ねられるものであること」，②「男女共同参画社会の形成」，③「次代を担う子どもが心身ともに健やかに育つことができる社会作り」，④「社会全体の取り組みとして子育て家庭の支援」に置かれている．

少子化社会対策推進基本方針の6つの基本的施策は，①「固定的な性別役割分業や職場優先の企業風土の是正」，②「仕事と子育ての両立のための雇用環境の整備」，③「安心して子どもを産み，ゆとりをもって健やかに育てるための家庭や地域の環境づくり」，④「利用者の多様な需要に応じた保育サービスの整備」，⑤「子どもが夢を持ってのびのびと生活できる教育の推進」，⑥「子育てを支援する住宅の普及など生活環境の整備」である．

(4) 新エンゼルプラン──2000年から2004年　エンゼルプランの後期計画にあたる

新エンゼルプランは，少子化社会対策推進基本方針を受け，エンゼルプランの後期計画として，当時の大蔵省，文部省，厚生省，労働省，建設省，自治省の6大臣の合意により策定された．正式な名称を「重点的に推進すべき少子化対策の具体的実施計画について」といい，計画年次は2000年から2004年までの5年間であった．この後登場する「子ども・子育て応援プラン」は，この新エンゼルプランを引き継ぐものである．

新エンゼルプランの特徴は，エンゼルプランの実績を踏まえさらに重点的に取り組んだところにある．基本的には，エンゼルプランで取り組んできた，①保育所入所児童数を上げて保育所入所待機児童を減らすこと，②延長保育・放課後児童クラブ・地域子育て支援センターを拡充し，③育児休業給付水準を上げることをさらに進めた．

(5) 待機児童ゼロ作戦──2001年

エンゼルプランの策定以降は，具体的な取り組みが進められた．しかし，その一方で，保育所の待機児童は，その具体的取り組みが進む中でも増加傾向が続いていた．そこで国は，2001年に待機児童の解消をめざし，「待機児童ゼロ作戦」を発表した．この作戦では，数値目標および期限を定めて待機児童の解消の実現を図ることとした．

(6) 児童福祉法改正──2003年　子育て支援事業の法定化

2003年の児童福祉法改正では，子育て支援事業の法定化が行われ，要保護児童や要保育児童を対象とした従来の子育て支援政策から，地域のすべての子どもと家庭を視野に入れた施策へと大きく拡充することとなった．

また，この改正以外にも1990年代後半から毎年のように児童福祉法の改正が行われており，新しい社会福祉のあり方や，次世代育成支援対策の推進を視野に入れた児童福祉法へと少しずつその姿を変えてきている．

(7) 少子化社会対策基本法—2003年

この法律は，2003年に少子化対策を総合的に推進することを目的として，施策の基本理念や国，地方公共団体の責務などを定めたものである．具体的なサービスは，それぞれ関連する法律に基づいている．

(8) 次世代育成支援対策推進法—2003年

急速な少子化の進行等を踏まえ，次代の社会を担う子どもが健やかに生まれ，育成される環境の整備を図るため，次世代育成支援対策について，基本理念を定めたものである．国による行動計画策定指針ならびに地方公共団体および事業主による行動計画の策定等の次世代育成支援対策を迅速かつ重点的に推進するために必要な措置を進めることが示された．

(9) 子ども・子育て応援プラン—2004年12月

新エンゼルプラン終了後の後継としてのプランである．2004年に「少子化社会対策大綱」が閣議決定され，この大綱に盛り込まれた施策を効果的に推進するため「子ども・子育て応援プラン」が策定された．このプランは，少子化社会対策大綱の掲げる4つの重点課題にそって，全国の自治体とともに前期行動計画として2005年から2009年度に進められた．2005年から5年後の目標，10年後のめざすべき社会を示す．

元々は自公政権時代に考えられたプランであった．そのプランをたたき台にして，昨年来，新政権ができてからさらに大きな枠組みで検討が進められているもの．

§2 少子化対策の現状

現在，子ども・子育て新システムの実施に向けてその最終段階に入りつつある．政府は2013（平成25）年からの施行をめざし，それまでの通常国会に法案を提出する予定で，審議を続けている．

「好きな保育園を選べるようになる」「待機児童がなくなる」「家庭で子育てしている人にも支援が増える」等，利点が強調されている．しかし，必ずしも

利点ばかりの施策というわけではない．現在の子育て支援や幼稚園・保育園のあり方と，「子ども・子育て新システム」におけるあり方とは，どのように違うのであろうか．

まず，子ども・子育て新システムは4つの目的をもって，子ども・子育て社会を実現するとしている．

① すべての子どもへの良質な成育環境を保障し，子どもを大切にする社会

② 出産・子育て・就労の希望がかなう社会

③ 仕事と家庭の両立支援で，充実した生活ができる社会

④ 新しい雇用の創出と，女性の就業促進で活力ある社会

これらの「社会」を実現するために，まず，子どもの施策について文部科学省，厚生労働省に別れているものを一元化し，包括的な制度を作るというものである．

子どものために使われるお金（国庫負担金，補助金，事業主からの拠出金等）も，現在とは変わり，すべて一元化される．そうしたうえで市区町村に交付される．交付金であるので，使い方は市区町村に任される．市区町村は，それぞれの財政事情と相談したうえで独自の裁量で，その交付金を配分し，次の2つの給付（サービス）を，2階建て方式で実施する．

① すべての子どもに向けての基礎給付（子ども手当，地域子育て支援，一時預かりなど）

② 両立支援と幼児教育の給付（こども園・幼保一元，小規模保育サービス，病児・病後児保育サービス，放課後児童クラブなど）

①の1階部分には乳幼児検診や全戸訪問のようなものから，子ども手当のような現金給付が含まれている．これらはすべての子どもに与えられるものである．その他にさらに給付が必要な者は，②の2階部分に設計されている保育や教育を受けられることになっている．

子ども・子育て新システムの注目点とされているのは以下の4つである．

1）幼保一元化

幼稚園・保育園の枠を無くし，すべてを「こども園」にする予定である．幼保それぞれが長い歴史をもち，培ってきたそれぞれの良さをどのように保つのかが見えてこないため，幼保双方が反対している．また，こども園とは「直接契約」になり，親が子どもを預ける園を探すこととなる．

2）イコールフッティング（競争の際の条件同一化）等による多用な事業主体の参入促進

認可保育園という制度が廃止され，どんな保育園でも市区町村が許可を出せば交付金を配分することが可能になる．株式会社でも，現在は社会福祉法人と同じ会計を報告することが義務づけられているが，これをなくし，さまざまな企業に参入してもらおうという狙いがある．交付金を企業に沢山配分するのでは，子どものためというよりも，企業のためではないかという見方もできる．これまでにも廃園した企業保育園の事例があることを，どう担保するのかははっきりと示されていない．

3）育児サービスへの集中投資による環境整備

保育ママ等に交付金を沢山振り分け，多くの保育ママのなり手を見つけ，地域での子育てを促進しようという考えである．しかし，保育ママの仕事は，責任が重く，簡単な仕事ではない．お金だけで良質な保育ママが育つとは考えにくい．お金をどう使うかによってどう環境が整備されるのかが大きく影響されると考えられる．2010年度の利用者数は2,588人である．厚労省は2014年度までに1万9千人に増やす目標を掲げている．

4）サービスメニューの多様化等

短時間保育サービスを導入して，パートタイムやアルバイトの労働の親の子どもをその時間だけ輪切りにして預かろうという考え方である．休日保育や早朝，夜間保育も拡大する予定である．しかし，預けられる子どもの負担についてはとくに考えられていないことは注意すべき点である．

⑾　自治体独自の施策

　政府が打ち出す施策と現状のニーズとの間に開きがある場合等，その間を埋めるさまざまな取り組みが行われている．

　国の子育て支援策以外にも，それぞれ工夫した子育て支援策を実施している自治体（市区町村）が全国には多くある．街おこし，地元の人口維持と高齢化比率対策といった政策的観点から，主に子育てに追われる家計の経済的負担を減らすことを目的として，ニーズが高いと見込まれる子育て支援策を用意する自治体が多い．そのような基本的考え方にそって，地元の特色や地域の財政事情なども考慮し，独自の子育て支援が展開されている．

　実施形態としては，「国の補助事業に，市町村として上乗せ補助をする」か，あるいは「自治体独自に，単独事業として実施」するかである．前者の例では，「乳幼児検診の回数の増加」や「不妊治療の金額・対象層の拡大」などがある．また後者の例としては，「乳幼児医療費の助成」や「出産祝い金」などがあげられる．とりわけ「乳幼児医療費の助成」は，すべての都道府県において実施されているが，支給の対象層や金額あるいは支給条件について，自治体ごとでそれぞれ内容が異なっている．よくみられるケースは，国では小学校6年生までとなっている「児童手当」について，中学生・高校生まで支給対象を拡げたり，国の児童手当に金額を上乗せするなどして，市区町村独自の対応を行うものである．また，乳幼児・小児医療費の助成についても，無料となる年齢制限期間を延長する等，全国の市区町村の中には，内容を工夫した子育て支援策がみられる．

　たとえば石川県では，3人以上の子どもをもつ家庭に「プレミアム・パスポート」を発行し，これを提示することで，協賛企業の割引・特典を受けることができる．

　また，大阪市では，小学校3年生以下の子どもがいる世帯を対象に，年0.5％，3年以内の「住宅ローンにおける利子補給」を実施している．

　税収や財政格差を反映し，大都市圏の市区と地方の市町村との間において子

育て支援策における「地域(自治体)間格差」が際立つケースも多く,とくに地方においては,行政の子育て支援策に不満をもつ住民も少なくない.また,これら自治体独自の子育て支援策については,利用希望者からの申請を条件とするものが多い.そのため,条件を満たしていながらも手当を受けていない家庭もある.

3. 子育て支援サービスの課題

§1」 経済の活性化・労働力の確保

　国が検討中の「子ども・子育て新システム」の4つの目的のひとつの「すべての子どもへの良質な成育環境を保障し,子どもを大切にする社会」の実現を考えるにあたっては,日本国憲法,児童福祉法から続く,子どものしあわせの実現の系譜上の大前提である.「子ども・子育て新システム」の残る3つの目的のそれぞれのポイントは,「出産・子育て・就労の希望」「両立支援」「女性の就業促進」である.

　この制度の目的として,子どもに良い環境を与えることを強調しているものの,制度の副次的要素である「女性をもっと働かせること」にも重きが置かれていることに注目すべきである.現在の日本は,少子高齢化が進み,労働力が不足している.今後はますます労働力不足が進行すると予測されている.こういった背景の下,子育て中の女性が労働力として期待される.より具体的には,雇用側からみて,子育て中の女性を比較的安い賃金で,短時間雇用するためには,その間,子どもを預かる託児施設が必要となる.そこで,認可制度や最低基準を廃止し,保育園の設置基準を緩和し,子どもを預けやすい環境にしていくという可能性が今後高まることが予想される.

§2 「育児」と「育自」

　こう考えていくと子育て支援は，労働力確保のための手段にしか過ぎない，大変味気なく，機械的なものにみえる．労働力確保の側面はあるにしても，子どもを育てるということは，それだけではないのである．

　子育ては，大変な面もあるが，楽しいことも多いということに気づくということも必要なことである．親は，子どもに対してこうあって欲しいという願望をもって子育てをする．しかし，いざ子育ての中にあると，願望のようにはいかないことが沢山ある．そういった時，接し方を変えたり，譲ったりしつつ，子どもに合わせた関わりを試行錯誤しながら見つけていく．このように，子育ては親を親として整えてくれる，「育自」でもある．子どもも育つから，同時に親も育つ．このような子育ての場では，わが子のみならず他の子どもにも視野が広がる．このように子育て支援は，親が育っていく（育てられる）子育て支援である必要がある．そのうえで，労働力の確保として子どもをただ単に預けるのではなく，その時間内の生活が充実するようなさまざまな配慮や工夫も必要なのである．

§3 NPO法人の実践

　こうした状況の中で，さまざまな工夫を凝らしての保育を行う保育施設が増えてきている．それらの中から，東京都にあるNPO法人「地域の寄り合い所　また明日」の実践を以下に紹介し，このような実践が全国にさらに広がっていくことを期待したい．

　NPO法人「地域の寄り合い所　また明日[1)]」は，東京都小金井市の住宅街にある．アパート1階の5世帯分の壁を取り払い，認知症対応型デイサービス，認可外保育所，寄り合い所の3つをひとつの空間で運営している．デイサービスの高齢者と保育園児を一緒に受け入れる形態は18年前に富山県で始まった．ケアの効果が高まると注目され，他県にも広がりつつある．また，この「また明日」の工夫された点は，「寄り合い所」機能を前面に打ち出しているところ

である．開設から5年経過し，福祉施設でありながら地域の人たちが自由に集える場として定着してきた．デイサービスの散歩途中，近所の公園で知り合った子どもや保育所に子どもを預けている親，その友人らが顔を出す．顔なじみになった女子中学生は，「おばあちゃんたちは子どもをあやすのが上手．将来は保育士になりたいと思うようになった」と話す．高齢者福祉施設の機能，児童福祉施設の機能，それらの棲み分けを超えたこの「寄り合い所」こそ，共に育ちあう，共に生きるという子育て支援の本質があるように思えてならない．

注
1)「世代超え　ふれあう場」『読売新聞』2011年8月9日掲載

参考文献
白井千晶・岡野晶子編著『子育て支援　制度と現場』新泉社，2009年
今井和子・新澤誠治『家庭との連携と子育て支援』ミネルヴァ書房，2001年
ミズ総合企画編著『これでわかる子育て支援Q&A』ミネルヴァ書房，2005年
池川明『赤ちゃんと話そう！生まれる前からの子育て』学陽書房，2008年
桑名恵子編著『子育て支援のネットワークづくり』明治図書，2003年
国立社会保障・人口問題研究所編集『少子社会の子育て支援』東京大学出版会，2003年

IX

母子保健支援サービス

1. 母子保健支援サービスとは

§1〕 母子保健支援サービスの目的

母子保健の目的は，思春期から妊娠・出産をとおして母性・父性がはぐくまれ，小児が家庭と地域の中で心身ともに健やかに育つことをめざすことである．小児期に培われた生活習慣が，青年期，成人期，老年期に至るまでの発達や病気の発症等にも深い関連があるとされるため，母子保健は生涯を通じた健康の出発点として，大きな役割を担っているといえる．

これらの目的が総合的に達成できるために，母子保健支援サービスは改善を繰り返しながらその枠組みを構成している．

§2〕 母子保健支援サービスの対象

母子保健の対象は，「子をもうけ，産み，育む母性」と「小児」といえるが，広義にはすべての人と捉えることができる．

具体的に「母性」としては，結婚前後の男女，結婚後妊娠前の男女，妊娠中・出産後の女性およびその配偶者・パートナーおよび家族，育児中の男女とその家族，不妊に悩む男女とその家族，更年期の女性とその家族，地域内の子育て中の家庭を支える地域住民等が考えられる．また，「小児」としては，胎児，新生児，乳児，幼児，学齢期の児童，思春期の男女等を母子保健の対象と考えることができる．

§3 母子保健支援サービスのあゆみ

(1) 母子保健支援サービスのはじまり

わが国の母子保健支援サービスは，1916（大正5）年に設置された保健衛生調査会が，出生1,000人に対して180人以上もあった乳児死亡の原因調査を行ったことに始まる．

わが国の母子保健施策が急速に進展したのは第2次世界大戦後のことである．GHQの指導のもと，1947（昭和22）年，厚生省（現在の厚生労働省）に児童局，母子衛生課（現在の母子保健課）が設置され，母子保健行政を所管することとなった．また，同年，戦争孤児を保護し，次代を担う児童のすべての健全な育成と福祉を保障することを目的とした児童福祉法が成立した．さらに，1948（昭和23）年母子衛生対策要綱が制定され，母子保健における行政運営の根本方針が明らかにされることとなった．これに基づき，妊産婦・乳幼児の保健指導，育成医療，未熟児対策，新生児訪問指導，3歳児健康診査等の事業が開始された．

(2) 児童福祉法から母子保健法へ

児童福祉法は，保健という視点よりも児童の福祉対策に重点を置いていることから，母子保健の環境をさらに向上するため，広く母性と乳幼児の保健に重点をおいた母子保健の単独法が必要とされ，1965（昭和40）年「母子保健法」が制定された．これにより母子保健の理念が明らかにされるとともに，母子に対する一貫した総合的な保健対策が推進されることになった．

(3) 母子保健支援サービスの一元化

20世紀後半より，少子化の進行や核家族化，女性の社会進出，都市化等，子どもをとりまく社会の環境は大きく変化した．これらの変化に対応するため，「生活者個人の視点の重視」「多様なニーズに合わせたきめ細やかなサービスの実施」「地域特性を生かした保健と福祉のまちづくり」「快適で安心できる生活環境の確保」をめざし1994（平成6）年「地域福祉法」「母子保健法」が改正された．この改正を受けて，1997（平成9）年度からは，3歳児健康診査や

妊産婦への訪問指導等の基本的な母子保健支援サービスは，市町村に一元化された．

(4) 21世紀の母子保健の方向性を示す「健やか親子21」

2000（平成12）年に開始された「健やか親子21」は，「20世紀中に達成した母子保健水準を低下させないための努力」「20世紀終盤に顕在化し21世紀にさらに深刻化することが予測される新たな課題に対応」等の基本視点に基づき，21世紀に取り組むべき主要な課題を設定し，その取り組みと具体的な目標を提示するビジョンであり，保健・医療・福祉・教育・労働等の関係機関が一体となって推進する国民運動計画である．

計画期間は，2001（平成13）年から，2010（平成22）年であったが，次世代育成支援対策推進法との関連が深く，両者一体に進めることが目標の達成に効果的であると考えられることから，2014（平成26）年まで延長された．

2. 母子保健支援サービスの現状

§1 わが国の母子保健の水準

母子保健の水準を示す指標としては，一般的に，乳児死亡率，妊産婦死亡率等を用いている．いずれの数値も，母体の健康状態，養育条件，医療体制等の影響を受けるため，地域および社会全体の保健水準を反映する指標のひとつであるといえる．

乳児死亡率[1]は，明治・大正期は150〜160（出生1,000当たり）であったが，1955（昭和30）年には，40.0をわり，1975（昭和50）年には，10.0となった．

現在もさらに減少を続けおり，2009（平成21）年には，2.4となり，世界のトップレベルを維持している．

妊産婦死亡率[2]も，1950（昭和25）年は161.2（出産10万当たり）であったものが，平成に入り20分の1以下に減少した．しかし，乳児死亡率の改善の早さ

に比べればそのピッチは遅く，近年まで欧米諸国と比較すると高率であった．2007（平成19）年に3.1となり，ようやく世界トップレベルとなった．

§2 母子保健支援サービスの内容

主な母子保健支援サービスは，「健康診査」「保健指導」「療養援護」「医療対策」に体系化されており，保健所や市町村の母子保健を担当する部局が実施している．

これらの事業は法律に基づき全国一律に行われているが，各地域の実情や特徴にあわせて実施しているものや，地域独自のものがある．地域で行われている事業の内容については，担当の保健師等に確認するとよい．

(1) 健康診査

健康診査は一般的に「健診」といわれ，特定の病気かどうかを判定する「検診」とは異なる意味がある．健康診査は，疾病や異常の早期発見（二次予防）の機会として重要な役割をもつが，さらに，病気や異常には至っていないが，そのリスクを早期発見し，発生を予防する（一次予防）ための保健指導に結び付ける機会として重要な役割ももっている．

1）妊婦健康診査（妊婦健診）

妊婦健診は，少なくとも1か月に一度，診察，血圧測定，尿検査を行うことで，早産や妊娠高血圧症候群，未熟児の出産を予防し，また母親が胎児の成長を確認することで，わが子への関心を高めることを目的として行われている．

より健診を受けやすい環境整備のひとつとして，医療機関や母子健康センターにおいて，市町村で定めた回数（おおむね14回程度）が公費負担される措置がなされるようになった．また，精密検査が必要な場合においても，1回以内は公費負担の対象となる．

2）乳児健康診査（乳児健診）

乳児の健診は，診察・身体測定等により，疾病や障害の予防，早期発見を行うことが目的であるが，育児不安や虐待につながる保護者のしんどさの発見も

重要な役割と位置づけられている．

健診の時期は，生後3～6か月（股関節脱臼・悪性腫瘍・心疾患等の発見，離乳の開始や予防接種の指導に適した時期）および生後9～11か月（行動発達・精神発達の異常の発見，離乳指導，育児の不安等に対する指導に適した時期）の2回であり，市町村より委託された医療機関で実施される．

3）幼児健康診査（幼児健診）

幼児の健診は，1歳6か月児健康診査，3歳児健康診査があり，市町村が自らの事業として総合的な健康診断に位置づけている．さらに，健診後の事後措置や経過観察に対する各機関への連携までを市町村が行い，一貫した状態把握と支援が行われている．

身体発育および精神発達の面からとくに重要なこの時期に，運動機能・視聴覚などの障害や，知的発達の遅れなどを早期に発見し，適切な指導を行い，心身障害を未然に防止することを目的としている．

これらの目的を達成するためには，保健・医療・福祉・教育関係などの各専門職によるチームアプローチが効果的である．保健師・医師・歯科医師・心理発達相談員・助産師・看護師・栄養士・歯科衛生士等がチームとなって実践し，健康診査終了後は担当者によるカンファレンスにてそれぞれの所見を討議し，総合的判断のうえ，事後の対応方法を決定する．

具体的な手順は主に，「受付→予診→集団指導（栄養・歯科指導）→身体計測→運動・心理発達スクリーニング→診察→歯科検診→個別指導（保健・栄養・心理指導）→カンファレンス[3]」の流れで行われる．

カンファレンスで方向づけられる対応方法として，①家庭訪問指導，②経過観察健康診査，③精密健康診査，④グループワーク（幼児教室・親子教室）がある．

各健診において注意して確認したいポイントについては，以下のとおりである．

① 1歳6か月児健康診査
　1．一人歩きができない．
　2．有意味語が5語以上出ない．
　3．おもちゃなどに手を出さない．
　4．バイバイ・ちょうだいが理解できない．
　5．テレビや動物に興味を示さない．
　6．視線が合わない，他人に反応しない．
　7．声を出すことや感情を表現することが少ない．
　8．離乳がすすまず，ミルクに依存する．
　9．理解しがたい外傷，皮膚や着衣の汚れがある．
② 3歳児健康診査
　1．走ることができない．
　2．2語文が話せない．
　3．ほかの子どもとうまく遊べない．
　4．身長・体重の増加不良，過剰な増加．
　5．熱性けいれんの有無．
　6．未治療の外科的疾患（停留精巣，陰嚢水腫，鼠径ヘルニアなど）がある．
　7．重症の虫歯（10本以上，あるいは程度のひどいもの）がある．
　8．繰り返す外傷，熱傷，骨折．
(2) 保健指導
　母子保健における保健指導は，保護者が主体的に判断し，その家庭らしい子育てをするために，妊娠・出産・育児や乳幼児の保健についての正しい知識を身につけることを目的としている．そのためには，単に知識の切り売りに終わることなく，対象者の考えや価値観を尊重しながら「ともに考える」「考えるきっかけを提供する」という姿勢が求められる．
　保健指導の方法は，対象者に市町村の保健センター等に来所してもらう方法や保健師等が家庭を訪問する方法がある．

1）妊娠の届出と母子健康手帳の交付

保健指導のスタートとして，市町村への妊娠の届出と母子健康手帳の交付がある．この届け出は，妊娠を行政的に把握し，母子保健支援サービスが対象者である妊婦や乳幼児にもれなく提供されるために必要であり，また，交付時のかかわりから妊娠・出産に対する不安やリスクを把握する機会としても重要視されている．

母子健康手帳は，記録部分と情報部分から構成されている．

記録部分は，母親の妊産婦健診の経過や，出産や産後の記録，子どもの出生時の状況や乳幼児健診の経過が記録され，妊娠・出産・育児に関する記録が継続的に行うことができ，子どもの保健指導や病院受診の際は「個人が持ち歩くカルテ」として活用している．また，予防接種の記録に関しては予防接種済証に代わるものである．

情報部分は，保健・医療・福祉に関するサービス内容や，育児・病気に関する知識から構成されており，毎年見直しが行われ，新しい情報が更新されていく．

2）家庭を訪問して行う保健指導

家庭を訪問して行う保健指導には，母子保健法に基づき，主に保健師，助産師（必要に応じて医師）が行う①妊産婦訪問指導，②新生児訪問指導，③未熟児訪問指導がある．

また，児童福祉法に基づく子育て支援，養育支援の一環として，保健師，助産師，看護師のほか，保育士，児童指導員等が訪問し保健指導や助言等を行う④乳児家庭全戸訪問，⑤養育支援訪問事業がある．

① 妊産婦訪問指導

対象となるのは，市町村から委託して行う妊産婦健康診査の結果，その身体的条件または生活環境，家庭環境等の理由により市町村が必要と認めた妊産婦，または本人や家族から相談があり，訪問が必要と判断された妊産婦である．

その妊産婦に対し，日常生活全般にわたる指導，助言を本人および必要な場合はその家族に行う．若年・高齢初妊婦や妊娠中毒症などのハイリスク妊娠への訪問が多い．

② 新生児訪問指導

対象となるのは，出生通知票（はがき），病院からの退院連絡，電話による依頼，妊産婦健診結果通知票等から把握した新生児とその保護者であり，連絡をして訪問の必要性を確認し，保健師，助産師等が訪問する．

新生児は生後間もないこの時期，自力で呼吸や哺乳，排泄をして母体外の環境に適応していく時期である．また，母親やその他の家族にとっては新しい家族を迎え，ちがった生活のリズムを体験し，育児というはじめての経験に適応していく時期である．この時期に，新生児の発育を確認し，母親や家族の不安をやわらげ，自信をもって育児ができるよう助言や指導を行う．

③ 未熟児の訪問指導

対象となるのは，母子保健法第18条に基づき保健所に届けられた出生体重2,500g以下の新生児とその保護者である．その届出をもとに，出生時の状況，家庭環境等の確認を行い，養育上必要な子どもとその保護者に対し，保健所の保健師，助産師等が家庭訪問を行う．未熟児は，生理的にも未熟性があり，疾病にかかりやすい状況にある．また保護者の不安への対応も含め，栄養，環境，疾病予防など，養育全般について相談，助言，指導を行う．

④ 乳児家庭全戸訪問事業（こんにちは赤ちゃん事業）

対象となるのは，生後4か月までの乳児のいるすべての家庭である．それら全戸を訪問し，さまざまな不安や悩みを聞き，子育て支援に関する情報提供等を行うとともに，親子の心身の状況や養育環境等の把握や助言を行い，支援が必要な家庭に対しては適切なサービス提供につなげていく．このようにして，乳児のいる家庭と地域社会をつなぐ機会を確保することにより，乳児家庭の孤立化を防ぎ，乳児の健全な育成環境の確保を図ることを目的としている．

訪問結果により支援が必要と判断された家庭について，適宜，関係者による

ケース会議を行い，養育支援訪問事業をはじめとした適切なサービスの提供につなげていく．

⑤ 養育支援訪問事業

対象となるのは，主に母子健康手帳交付・こんにちは赤ちゃん事業・乳幼児健康診査等において把握された養育に支援が必要であると判断された家庭である．その家庭に対し，保健師・助産師・保育士等が訪問し，家庭に応じた養育に関する具体的な指導・助言や，育児・家事の援助を行い，個々の家庭の抱える養育上の諸問題の解決・軽減を図ることを目的としている．

具体的な事業の内容としては，① 若年の妊婦および妊婦健康診査の未受診や望まない妊娠等のリスクを抱える妊婦に対する妊娠期からの継続的な生活相談・育児指導，② 産褥期の母子に対する育児支援や簡単な家事等の援助，③ 未熟児や多胎児等に対する育児支援・栄養指導，④ 身体的・精神的不調状態にある養育者に対する相談・指導，⑤ 児童が児童養護施設等を退所後にアフターケアを必要とする家庭等に対する養育相談・支援等がある．

3）対象者が保健センター等に来所して行う保健指導

保健センター等において，主に集団で行う保健指導は，「母子保健相談・指導事業」「育児等健康支援事業」「食育等推進事業」「生涯を通じた女性の健康支援事業」の5事業に分かれている．その中でも，「育児等健康支援事業」に関しては，多岐にわたる11の事業があり，各事業の内容は表IX—1に示す．

(3) 療養援護・医療対策

母子保健における療養援護とは，継続的な療養や医療が必要な子どもや，妊産婦，不妊に悩む女性に対し，適切な治療を早期に受けさせる医療サービスの給付や，医療費の負担を軽減するサービスであり，それらにより療養を支援するものである．具体的には，1）未熟児療育医療，2）小児慢性特定疾患治療研究事業，3）妊娠高血圧症候群等の療養援護，4）特定不妊治療助成事業がある．

また，医療対策は，母子保健を支える医療施設の基盤整備やネットワークの

表IX―1　育児等健康支援事業

事業名	実施主体	事項	内容等	根拠法令等	開始年度
育児等健康支援事業	市町村	地域活動事業	地域住民の自主的な活動（母子保健推進員活動）の支援などの，地域活動組織の育成を行う	児童家庭局長通知	1995年（2003年度に子どもの健康づくり対策事業を統合。なお，2005年度から次世代育成支援事業対策交付金に移行）
		母子栄養管理事業	母子の栄養，妊産婦・乳幼児の健康づくりのためのグループワーク，実習や，栄養食品の支給などを行う		
		乳幼児の育成指導事業	健康診断で要経過観察とされた児童を持つ母親などに対して，適切な指導を行うことにより，育児に関する不安の解消を図る		
		出産前小児保健指導事業（プレネイタルビジット）	妊娠後期の妊婦などを対象に，育児に関する不安を解消するため，小児科医による保健指導を行うとともに，かかりつけ小児科医の確保を図る		
		出産前後ケア事業	出産後の一定期間について，助産所に母子で入所することにより，育児不安を解消し，母体の回復を図る		
		健全母性育成事業	思春期の医学的問題や，性に関する不安や悩みに関して，個別の相談に応じ，豊かな人間性・社会性を身につけるための指導を行う		
		休日健診・相談等事業	共働き家庭などに対して，休日に乳幼児健康診査や相談事業を実施し，受診率の向上に資する		
		ふれあい食体験事業	食事を作る，食べる，人と交流するという体験的活動により，乳幼児期からの健康な食習慣の定着と心の健全育成を図る		
		虐待・いじめ対策事業	虐待・いじめについての相談を行う		
		乳幼児健診における育児支援強化事業	乳幼児健康診査で，育児不安に関する個別相談やグループワークを行う		
		児童虐待防止市町村ネットワーク事業	関係機関で児童虐待防止協議会を設置し，児童虐待防止と早期発見に努める		

出所）高野陽・柳川洋・加藤忠明編『改訂7版母子保健マニュアル』南山堂，2010年，p.21
　　表3　母子保健事業（訪問指導・保健指導）一部抜粋

構築を目的としており，5）子どもの心の診療ネットワーク事業，6）病児・病後児保育事業（乳幼児健康支援一時預かり事業）等がある．

1）未熟児養育医療

未熟児養育医療は，身体の発育が未熟のまま出生した乳児（例：出生体重2,000グラム以下，チアノーゼ・多呼吸・けいれん等がある）が，指定養育医療機関での入院治療が必要と認められた場合，所得に応じて医療費の助成を行うものである．

2）小児慢性特定疾患治療研究事業

小児慢性特定疾患治療研究事業は，小児の慢性疾患のうち小児がんや腎臓病，ぜんそく等特定の疾患は，その治療が長期にわたり，医療費の負担も高額となることから，特定の疾患についての治療研究を行い，医療の確立と普及をはかることを目的としている．あわせて，治療にかかる医療費を公費で負担することで，患者家族の医療費の負担を軽減する事業である．

3）妊娠高血圧症候群等の療養援護

妊娠高血圧症候群等の療養援護は，妊娠高血圧症候群（妊娠中毒症）や糖尿病等に罹患している妊産婦に対して，保健師等の家庭訪問による保健指導や生活指導を行うほか，入院して治療する必要のある低所得世帯に属する妊産婦に対しては，早期に適切な医療を受けられるよう医療費の助成を行う事業である．早期の受診により重症化を防ぐことで，妊産婦の死亡や後遺症を防ぎ，また，未熟児の出生や子どもの心身障害の予防を図ることを目的としている．

4）特定不妊治療助成事業

特定不妊治療助成事業は，不妊治療の経済的な負担の軽減を図るため，医療保険が適応されず高額の医療費がかかる体外受精および顕微鏡受精について，配偶者間の不妊治療の一部を助成する事業である．

5）子どもの心の診療ネットワーク事業

子どもの心の診療ネットワーク事業は，さまざまな子どもの心の問題，児童虐待や発達障害に対応するため，都道府県における拠点病院を中核とし，各医

療機関や保健福祉関係機関等と連携した支援体制の構築を図るための事業である．

　6）病児・病後児保育事業（乳幼児健康支援一時預かり事業）

　地域の児童を対象に当該児童が発熱等急な病気となった場合，病院・保育所等に付設された施設に看護師，保育士が配置され，保育所に通所中の児童の一時預かりを実施する事業である．

3. 母子保健支援サービスの課題

　母子保健支援サービスの整備により，母子保健の指標は世界のトップレベルとなった．しかし，指標の高水準を実感し，子育てのしやすさを感じている人は多いとはいえず，20世紀終盤から新たな問題が顕在化，深刻化している．家庭の育児力や地域での子育てを支援する力の低下，育児不安の増悪化，虐待などの不適切な養育の増加，低出生体重児・多胎児の増加，療育が必要とされる小児の増加，こころの健康障害の増加と若年化[4]などがその一例である．

　前述した「健やか親子21」では，①思春期の保健対策の強化と健康教育の推進，②妊娠・出産に関する安全性と快適さの確保と不妊への支援，③小児保健医療水準を維持・向上させるための環境整備，④子どもの安らかな発達の推進と育児不安の軽減，の4点を主要課題として取り上げている．さらに，これらの課題を国民運動計画として展開していくための基本理念として，ヘルスプロモーションという健康戦略を掲げ，その推進を図っている．

　ヘルスプロモーションとは，人びとが健康をコントロールし，改善することができるプロセスであり，住民を含めたすべての人がヘルス（健康，生活の質）のプロモーター（推進役）である[5]という考え方である．ヘルスプロモーションの概念図を図IX－1に示す．

　2010（平成22）年に少子化対策基本法の第7条の規定に基づく大綱として示

図 IX—1　ヘルスプロモーションの概念図

従来の健康づくり

はい、右手で押して次は左足を出して！

医師や
保健師
栄養士

住　民

→ 健　康

ヘルスプロモーション

住民組織活動の強化　　個人技術の向上

健康
(障害)

めざすものはQOLの向上

→ 豊かな人生

↓ 健康を支援する環境づくり

出所）藤内修二・岩室紳也著『新版　保健計画策定マニュアル』ライフ・サイエンスセンター，2001年，p.19　図1より引用

された「子ども・子育てビジョン」において，子どもと子育てを応援する社会をめざし，①いのちと育ちを大切にする，②困っている声に応える，③生活（くらし）を支える，という3つの大切な姿勢のもと，具体的な目標数値をあげて取り組んでいる．

　これらいずれの政策においても，課題の成り立ちが，社会・環境・教育・就労・医療・保健など複雑に絡み合いながら起きていることであり，ひとつの専門分野では問題解決につながらないことから，意図的に各分野が参入するしくみができている．母子にかかわる専門職は，これらの意図を十分に理解し，自ら積極的に他職種に対して連携を深め，さらに母子保健の対象者すべてが，自ら判断し，自律した生活ができるよう，共に考え働きかける姿勢が求められている．

注)
1) 乳児死亡率
$$\frac{1 年間の生後 1 歳未満の死亡数}{1 年間の出生数} \times 1000$$
2) 妊産婦死亡率
$$\frac{1 年間の妊産婦死亡数}{1 年間の出産数（出生数＋死産数）} \times 10 万$$
3) 井伊久美子『保健師業務要覧』日本看護協会出版会，2008 年，p.182
4) 高野陽『改定 7 版母子保健マニュアル』南山堂，2010 年，p.2
5) 藤内修二・岩室紳也『新版　保健計画策定マニュアル』ライフ・サイエンスセンター，2001 年，p.19

参考文献
荒賀直子・後閑容子編著『公衆衛生看護学.jp』インターメディカル，2011 年
厚生統計協会編『国民衛生の動向 2010／2011』厚生統計協会，2010 年
財団法人母子衛生研究会編『母子保健ハンドブック 2011』母子保健事業団，2011 年
中村肇監修『子育て支援のための小児保健学』日本小児医事出版社，2009 年
日本看護協会監修『保健師業務要覧』日本看護協会出版会，2008 年
平山宗宏編『子どもの保健と支援』日本医事出版社，2011 年
福田公教・山縣文治編著『児童家庭福祉』ミネルヴァ書房，2010 年

X

児童の健全育成サービス

1. 児童の健全育成サービスとは

　児童福祉法が1947年に制定され，児童福祉の役割は大きく変化することとなった．児童福祉法制定以前の児童福祉は，要保護児童への対策を中心にその多くは限定されていたが，児童福祉法の制定により，すべての児童の健全育成は，児童福祉の目的として明確化されることとなり，それと同時に「子どもの健やかな育ちを保障すること」は，社会における責務とされた．

　児童福祉法は，第一章総則第一条第1項において，「すべて国民は，児童が心身ともに健やかに生まれ，且つ，育成されるよう努めなければならない.」と定め，第2項において，「すべて児童は，ひとしくその生活を保障され，愛護されなければならない.」と定めている．これらの理念における「健やかに生まれ，且つ，育成される」という部分より，児童福祉の目的として「健全育成」は明確化されることとなり，それと同時に，すべての児童が等しく生活を保障され，愛護されるべく，「子どもの健全育成」は，国民全員の努力すべき義務となった．また，児童福祉法は第2条において「国及び地方公共団体は，児童の保護者とともに，児童を心身ともに健やかに育成する責任を負う.」と定めている．このことは，児童を心身ともに健やかな状態で育成することの責任を保護者だけに留めるのではなく，国や地方公共団体もその責任を負うことを定めている．つまり，子どもの健全育成とは，保護者，社会，行政といった社会全体で支え，取り組むべき責任を負った事項であるといえる．

　これらのことは，健全育成が，子どもを受動的な存在と捉え，保護者を含めた大人や周囲の環境からの働きかけによって成立するものであることを意味する．もちろん，子どもが心身ともに健康な状態で育ち，その成長を促すという

目的には，子どもに内在する自ら育っていこうとする力の必要性も含まれることになるが，健全育成とは，その力を最大限に発揮することができるよう，発揮できるための環境を整えることが必要となることを示すものである．つまり，子ども自身の行為や行動，態度によって，子どもの健全な成長と発達，健やかな育ちが達成可能となるのではなく，育成される子どもに対して，大人や周囲の環境による働きかけにより達成可能となるため，環境の整備が不可欠であるといえる．しかし，近年子どもを取り巻く環境は大きく変化しており，子どもが自ら育つ力を発揮するための健全育成だけではなく，健康に育っていくという最低限の健全育成さえも困難な状況にある子どもが増えている．このような問題への対策として，現在，厚生労働省は「児童健全育成対策」を事業として進めている．

2. 児童の健全育成サービスの現状

§1 子どもを取り巻く環境の変化

　財団法人児童健全育成推進財団によると健全育成は，具体的に ① 身体の健康増進を図る，② 心の健康増進を図る，③ 知的な適応能力を高める，④ 社会的適応能力を高める，⑤ 情操を豊かにするとされている．

　① 身体の健康増進を図るとは，日常生活で，自立して行動できるような体力と病気にかかりにくいような抵抗力を高め，健やかな身体をつくること．② 心の健康増進を図るとは，不安感，緊張感，欲求不満感などをもつことがない安定した精神状態を保ち，人格的な発達を図ること．③ 知的な適応能力を高めるとは，子どもの能力や個性に応じて可能な限りの知識と技術を獲得し，生活するうえで必要な能力を高めること．④ 社会的適応能力を高めるとは，発達段階に応じて，自分の所属するさまざまな集団生活の場において，他者との協調性や人間関係能力を高めること．⑤ 情操を豊かにするとは，美し

いもの，善い行い，崇高なもの，つじつまの合うことなどを見たり聞いたりしたときに素直に感動する心を豊かにすること．と，まとめられている．つまり，児童の健全育成を進める上において，これらのことを獲得できるよう働きかけることが求められており，そのための環境の整備が必要であるといえる．

　しかし，上述したように，現在子どもを取り巻く社会の状況は大きな変化を遂げている．少子化や都市化，就業形態の変化，家族構造の変化等の社会状況の変化に関わるさまざまな事由に伴い，家庭を取り巻く状況のみならず，子どもを取り巻く環境も大きく変化することとなった．これらの変化は，一概にそのすべてが子どもにとって悪影響を及ぼすものであるということはできないが，保護者も含めた大人や社会，そして行政が負わなくてはならない健全育成の責任という点において，悪影響を及ぼしている可能性が高いと考える．

　具体的には，第一に，家庭を取り巻く環境が変化したこと，また，家庭の機能そのものが変化したことに伴う，その構成内での関係性の減少や地域社会との関係性の希薄化などが挙げられる．少子化や核家族化に伴い家庭内の構成人員が少人数化したこと，および地域社会との関係性が希薄化したことにより，社会性や個性などを身につけるために不可欠な集団生活の機会が減ることとなった．また，集団が小規模化したことに伴い，本来，人との関わりの増加に伴い拡大されるはずの生活空間が限定化，矮小化されることで，子どもの人格形成に関わる発達や成長に対して影響を与えかねない．

　第二に，都市化に伴う生活環境の変化は，自然環境も大きく変化させることとなり，子どもの遊びそのものを変化させたことが挙げられる．都市化された環境のもとでは，子どもが外に出て遊ぶということがなかなか難しい．怪我や事故を防止するという観点から保護者もなかなか子どもを外に送り出すことができない状況にあるといえる．このように遊び場が限定されると，同性の異年齢の大きな集団による遊びというよりも，同学年の小集団による遊びへと，遊びの内容も変化していくこととなる．それと同時に，現在は，さまざまなゲーム機やインターネット等の普及に伴い，遊ぶための道具自体も変化すること

なり，子どもは与えられ，提供されたなかでのみ遊ぶ機会が多くなってしまっている．このことは，遊びが子どもに与える影響を考えた場合，子どもの人格形成に関わる発達や成長に対して影響を与えかねない．

こうした状況では，子ども自身の育つ力が十分に発揮されることなく阻害される可能性があり，子どもの健全育成は困難であるといえる．しかし，このような現状を課題として認識したうえで，子どもの主体的な活動を保障すべく，環境整備の体制を作り上げることが必要である．

§2 児童の健全育成を支える環境

(1) 児童厚生施設

児童厚生施設とは，児童福祉法に定められる児童福祉施設である．児童福祉法第四十条において，「児童厚生施設は，児童遊園，児童館等児童に健全な遊びを与えて，その健康を増進し，又は情操をゆたかにすることを目的とする施設とする．」と定められている．

児童厚生施設には，屋内の活動を主とする児童館と屋外の活動を主とする児童遊園があり，子どもの生活において行われる学びを含んだ活動であり，子どもの人格の発達を促すうえで欠かすことのできない要素といえる「遊び」を通して，子どもの健全育成を図ると共に，地域組織活動を推進し，地域の子育て支援活動の拠点としての役割も担う施設である．

1) 児童館

児童館は，遊びを通して子どもの健全育成を図ることを目的としているため，子どもに遊びを保障する活動を行っている．子どもは遊びの体験を通して，さまざまな経験を積んでいき，こうしたなかで，考え，決断し，行動し，責任をもつという自主性や社会性を身につけることとなる．屋内型の福祉施設であるが，その活動は建物内のみに留まらず，地域児童の健全な発達を支援するための屋内外での地域活動やキャンプなど，必要な活動が行われている．また，児童館は機能や建物面積，設備等により，小型児童館（小地域を対象として

児童に健全な遊びを与え，その健康を増進し，情操を豊かにするとともに，地域組織活動の育成助長等，児童の健全育成に関する総合的な機能を有する施設），児童センター（小型児童館の機能に加えて，運動を主とする遊びを通じての体力増進を図ることを目的とする事業や設備のある施設），大型児童館（都道府県内や広域の子どもたちを対象とした活動を行っており，小型児童館や児童センターの指導や連絡調整する役割をもつA型，宿泊施設やキャンプ等の野外活動のできる設備を設け自然を活かした活動ができる機能をもつB型，さまざまな設備を備え芸術や体育，科学などの総合的な活動ができるC型の3つに区分される施設）に分類される．

　2011年現在，厚生労働省「社会福祉施設等調査」の発表によると，2009年には全国に4,360か所あり，前年度4,689か所から329か所減となった．また施設種別数をみると小型児童館2,602か所（前年度2,799か所より197か所の減），児童センター1,632か所（前年度1,750か所より118か所の減），大型児童館24か所（前年度同），その他の児童館102か所（前年度116か所より14か所減）となっている．少子化等に伴う利用児童数の減少も影響し，昨年度と比較して施設数が大きく減少することとなった．

　2）児童遊園

　児童遊園は，児童の健康増進や情操を豊かにすることを目的とし，児童に安全で，健全な遊び場所を提供するために設置される屋外型の児童厚生施設である．都市公園法で定められる児童公園と補完的に，主に繁華街や住宅密集地域，工場地帯等の遊び場の確保が困難である地域を中心として設置される．児童福祉施設最低基準第37条「児童遊園等屋外の児童厚生施設には，広場，遊具及び便所を設けること」に基づき，広場やブランコ，滑り台などの遊具設備やベンチ，トイレ，水飲み場などが設置されている．

　児童遊園は，2011年現在の公表によると，2009年で3,407か所であり，前年度3,455か所より48か所の減となった．

　3）児童の遊びを指導する者

　児童の遊びを指導する者は，児童福祉施設最低基準第38条において，職員

としてその配置が定められており，その配置については，常駐せずに他の児童厚生施設の児童の遊びを指導する者が兼務していたり，巡回者であっても構わないものとされている．以前は，児童厚生員と名称が定められていた．

児童の遊びを指導する者の目標は，地域で児童が健全に育つことであり，児童の自主性や社会性，創造性を高めることにより，健全育成の助長を図る役割を担うことが求められている．つまり，児童厚生施設において働く職員は，単に遊びを提供し，安全を確保する役割だけにとどまらず，遊びを通して子どもの正解を広げ，集団のルールや思いやりの心を養い，子どもの育つ力や生きる力を引き出すための支援が求められることとなる．

(2) 放課後子どもプラン

放課後子どもプランとは，地域社会のなかで放課後や週末等に子どもが安全で安心して，健やかに育まれるよう，厚生労働省「放課後児童健全育成事業」と文部科学省「放課後子ども教室推進事業」とを一体的にあるいは連携させて実施するものである．

具体的には，放課後や週末等での子どもの適切な遊びや生活の場を確保し，小学校の余裕教室棟を活用し，地域の方の参画を得ながら学習やスポーツ，文化活動，地域住民との交流に関わる取り組みを実施している．

1) 放課後児童健全育成事業

放課後児童健全育成事業とは，児童福祉法第6条の2第2項において，「放課後児童健全育成事業とは，小学校に就学しているおおむね十歳未満の児童であつて，その保護者が労働等により昼間家庭にいないものに，政令で定める基準に従い，授業の終了後に児童厚生施設等の施設を利用して適切な遊び及び生活の場を与えて，その健全な育成を図る事業をいう」と定められ，その整備と普及が本格化され，放課後児童クラブとして各地域において取り組まれている．

近年，核家族化の進展や女性の社会進出等に伴い，子どもが暮らす家庭において昼間保護者がいない状況が増加している．小学校入学前は，保育所や幼稚

園などでの子どもの受け入れがあり，安全かつ安心できる状況で時間を過ごすことができた．しかし，小学校入学後は，そのような場が十分に確保されておらず，子どもが一人で過ごす時間や子どものみで過ごす時間が増えることとなる．これは，子どもが事件や事故に巻き込まれる危険性をはらむ問題であり，その解決策として子どもが安心して生活することができ，子どもの健全な育成を図ることのできる場作りが求められることとなった．放課後児童健全育成事業（放課後児童クラブ）は，こうした背景を基として，大きな成長を遂げることとなった．

2010（平成22）年5月現在の放課後児童クラブの実施状況は，クラブ数および登録児童数共に増加する結果となり，クラブ数は19,946か所であり，2009（平成21）年度と比較して1,467か所の増となった．また，登録児童数は814,439人であり，2009年度と比較して，6,582人の増となった．登録市町村割合は，90.3％であり，2009年度と比較して1.0ポイントの増となった．クラブの設置・運営主体別にみると，公立公営が8,286か所で41.5％，公立民営が8,350か所で41.9％，民立民営が3,310か所で16.6％であった．クラブの実施場所をみると，学校の余裕教室が5,752か所，学校敷地内専用施設が4,396か所，児童館・児童センターが2,690か所，公的施設等3,014か所，その他4,094か所となっており，余裕教室と学校敷地内専用施設を併せた学校内実施が全体の半数近くを占める結果となった．また，全増加数においても学校内実施の占める割合は，約7割を占めている．年間開設日数の状況をみると，280日〜299日が全体の76％を占め，250日未満の開設日数のクラブは減少している．平日の終了時刻の状況についてみると，18:01〜19:00での終了時刻が47.7％と最も多く，前年度のトップであった17:01〜18:00での終了時刻の件数割合を超えるものとなった．近年の傾向をみるとクラブの終了時刻は，年々遅くなっている傾向にある．利用できなかった児童の人数をみると，2009年度の11,438人から3,417人減の8,021人となり，減少傾向にあるということはできるが，まだ，十分ではない様子が伺える．

このような利用児童数の増加や利用時間の増加は，業務量の増加や煩雑さによる安全面やサービス面での質的低下を招く可能性があると共に，サービスを提供する人的確保や何よりもサービス実施の場所の確保という課題を抱えることとなる．

放課後児童クラブの具体的な事業内容は，① 放課後の子どもの健康管理と情緒の安定，② 放課後の子どもの安全確認と来所時や帰宅時の安全確認，③ 遊びを通した自主性や社会性，創造性の発露，④ 連絡帳などを通じた家庭との日常的な情報交換，⑤ 放課後の子どもの遊びの活動状況の把握，⑥ 遊びの活動への意欲と態度の形成，⑦ 家庭や地域での遊びの環境づくりの支援であり，子どもの健全な育成に向けた，幅の広いさまざまな取り組みが行われているといえる．

2）放課後子ども教室推進事業

放課後子ども教室推進事業とは，小学校の余裕教室等を活用して，地方の多様な方の参画を得て，子どもとともに学習やスポーツ，文化活動，地域住民との交流活動の取り組みを地域ごとに決定し，実施する事業であり，2004（平成16）年度から2006（平成18）年度までの緊急3か年計画として実施されてきた地域子ども教室推進事業を2007（平成19）年度より国の支援の仕組みや内容を変更して実施されている．

放課後子ども教室の実施状況をみると，2010年現在，実施箇所は9,197か所で前年度8,610か所から587か所の増となり，内小学校での実施は，6,661か所で72.4％を占める．1教室あたりの年間の平均開催日数は118.5日で，実施市町村数は，1,060市町村である．これらの数字は，どれもが前年度より増となっており，とくに実施箇所数は，開始当初の2007年度と比較すると2,996か所の増となっている．つまり，放課後子ども教室も上述の放課後児童クラブと同様に，利用ニーズが非常に高まっており，その存在が求められているものであるといえる．

(3) 地域組織活動

　地域組織活動とは，子どもの健全育成を願い，地域社会全体で子どもや家庭を見守り，支えるために組織される地域ぐるみでのボランティア活動組織である．代表的なものとしては，母親クラブや子ども会などが挙げられる．

　これらの活動には，子育てに関わる家庭や地域にとって，連帯を深める役割があるといえる．これらの活動が充実することにより，保護者や家庭を支えることに繋がるとともに，地域全体での健全育成を進めるうえでの基盤としての役割を担うこととなる．

1）母親クラブ

　母親クラブとは，子どもの健全育成を願い，児童館等の福祉施設を拠点としてボランティア活動を行う組織で，全国各地にあるクラブに合計約18万人が参加している．地域活動でのボランティア組織ではあるが，国や地方自治体から公的に支援を受ける組織であり，ネットワーク化されている．会員は母親のみに限らず，地域の児童健全育成に関心のある者が，性別や年齢を問わず互いの親睦を図りながら，話し合いや研修の場を通して，子育てや家庭，地域での生活問題に対して，解決のための知識や技術を向上させるべく取り組みを行っている．

　母親クラブの活動内容としては，みらい子育てネット5つの活動を中心として実施されている．その具体的な実施内容は，①親子や世代間の交流・文化活動（キャンプやハイキング，季節の行事，多世代交流会といった活動を行い，交流を深める），②児童養育に関する研修活動（子どもの健全育成のため，各種講演会や研修会への参加，施設見学等会員自身の資質の向上をめざした活動の積極的な実施），③児童事故防止のための活動（遊び場や遊具の点検，交通安全指導，防犯パトロールなど，事故や犯罪，非行，いじめなどから子どもを未然に守ること），④児童福祉の向上に寄与する活動（行政機関や各種団体との連携を密にしながら，広報や児童館祭り，保育園，幼稚園，小学校等の行事への共催），⑤日曜等児童館利用活動（日曜・祝日に児童館などの施設を利用し児童の居場所の確保を図ると共に，親子行事の活動の実施）といった5つが主

な活動として挙げられる．

2）子ども会

　子ども会は，保護者や育成者のもと子どもの健全育成のために近隣の異年齢の子どもが集まり組織された集団であり，その活動は，地域の連帯意識を育てるとともに，子どもの生活に即した遊びを主体とし，子どもの健やかな成長を目的としている．子ども会の形成の方法は，地域によって異なるが，自治会や町内会の中に子ども会を置いていたり，公立小学校の通学区域を細分化して子ども会を形成する場合もある．その他には，組織としての体裁をとらず，行事に限定して地区の子どもが一堂に会する場を子ども会と称している場合もある．これらはすべて子ども会という名称で表わされるが，活動頻度等は，各団体によって差が大きく，活動内容も統一されているものではない．

　現在，子ども会は，第二次ベビーブームをピークとして，少子化の影響によりその活動組織および活動人数は，減少傾向にある．

§3 児童文化

　児童文化とは，狭義には児童文化財の内容や子どもの文化的活動を表すもので，日本独自の概念である．現在は，一般的に大人によって子どものために創作され，提供された文化を示す場合が多い．

　子どもの育成環境を整えるためには，上述した児童厚生施設等の遊び場や居場所を整えることだけではなく，児童憲章第9項にあるように「よい遊び場と文化財を用意」される必要がある．つまり，遊び場としての場を整えるだけではなく，文化財についてもより良いものを提供する必要があるといえる．子どもが自ら関わることができ，その成長と発達に対して，良い影響を与える役割を児童文化財はもっているのである．具体的には，絵本，児童文学，歌，紙芝居，児童劇等が挙げられる．子どもの健全な育成にとって重要である児童文化財において，より良質なものを増加させ，子どもが日常的に触れることのできる環境作りが必要である．

3. 児童の健全育成サービスの課題

　児童の健全育成は，子どもを受動的な存在と捉え，保護者を含めた大人や周囲の環境からの働きかけによって成立するものである．

　子どもが安定した環境のなかで，保護者や大人からの愛情を十分に受け，健やかに育つことは，誰もが願うことであり，そのような状態を望まない者はいないであろう．しかしながら，子どもを取り巻く環境に目を向けると，現在の大きな社会状況の変化の中，子どもが健やかに育成されるという点において，いくつか問題が見られる．上述したように，子どもの健全育成には，子どもが自ら育とうとする力を最大限に発揮することができるよう，周囲の環境を整備し，働きかけることが必要不可欠である．そのために，現在，児童の健全育成に向けたさまざまなサービスが実施されているが，未だ十分な状況にあるとはいいにくい．

　たとえば，子ども自身の行動をみても，いじめや引きこもり，不登校，自殺，非行，少年による凶悪犯罪等，毎日のニュースにおいて目にしない時は無いほど，明らかな問題として表れている．また，子どもを取り巻く問題としても，日常生活のなかで事件や事故に巻き込まれる子どもは後を絶たず，家庭内での育児放棄や暴行等による虐待，子育て問題等こちらも挙げればきりがない．

　このことはつまり，子どもや子どもを取り巻く環境が抱えている現実的な問題に対して，適確な施策や支援が十分ではないことを意味しており，現状に即した形での子どもの健全育成に向けた早急な取り組みが必要となっていることを表している．

　こうした課題の具体的な解決策は，第一に，子どもの生活の捉えなおしが必要であると思われる．子どもの遊びも含めた生活の状況を理解することはもちろんのこと，保護者や家庭の状況も含めた子どもの生活実態について，現状を

分析し，本当に必要とされていることは何かということについて，目を向ける必要があるであろう．そして，それと同時に保護者が抱える子育ての困難性について理解を寄せ，相談支援を含めた支援体制の構築が必要であろう．第二の解決策としては，地域の実情に応じた健全育成サービスの実施が必要であろう．全国で統一された具体的な基準をもたない事業があり，地域や実施主体によるサービスの格差が生じている．こうした格差を減らし，児童厚生施設や放課後児童育成事業，地域組織活動等の活動内容や意義を地域の実情に即した形へと変化させていくことが必要であり，子どもの健全育成に向けた本質的な意味での整備となるであろう．

健全育成サービスが，子どもや子どもの周りで起こるさまざまな問題に対して予防的な役割をもっていることを改めて認識し，制度やサービスの実施に対して柔軟に対応することが求められている．

参考文献
井村圭壮・相澤譲治編著『児童家庭福祉の理論と制度』勁草書房，2011 年
社会福祉士養成講座編集委員会編『児童や家庭に対する支援と児童・家庭福祉制度』中央法規，2009 年
松本峰雄『保育者のための子ども家庭福祉』萌文書林，2007 年
山根正夫ほか編『実例から学ぶ子ども福祉学』保育出版社，2010 年

XI

虐待・家庭内暴力防止に関する支援サービス

1. 虐待・家庭内暴力防止に関する支援サービスとは

§1 子ども虐待とは

　昨今,子どもへの虐待による事件が頻繁に報道されるようになり,子ども虐待は社会的な関心を呼んでいる.その対策は,戦後,児童福祉法を基本としてすすめられてきたが,子ども虐待の増加により,対応の強化を目的に2000（平成12）年に新たに「児童虐待の防止等に関する法律」（以下,「児童虐待防止法」という）が制定された.

　児童虐待防止法第2条において,子ども虐待とは,「保護者（親権を行う者,未成年後見人その他の者で,児童を現に監護するものをいう.）がその監護する児童について行う」(1)身体的虐待,(2)性的虐待,(3)ネグレクト,(4)心理的虐待と定義されている.

(1) 身体的虐待

　子どもの身体に外傷が生じ,または生じるおそれのある暴行を加えることを指す.また,意図的に子どもを病気にさせることも身体的虐待としている.

(2) 性的虐待

　子どもにわいせつな行為をすること,または子どもにわいせつな行為をさせることを指す.ポルノグラフィーの被写体などに子どもを強要することも含まれる.

(3) ネグレクト

　子どもの心身の正常な発達を妨げるようないちじるしい減食,または長時間の放置など,保護者としての監護をいちじるしく怠ることを指す.2004年の法改正により,保護者以外の同居人による身体的虐待,性的虐待,心理的虐待

とされる行為を放置することもネグレクトに加えられた.

(4) 心理的虐待

子どもに対するいちじるしい暴言またはいちじるしく拒絶的な対応など，子どもにいちじるしい心理的外傷を与える言動を行うことを指す．2004年の法改正により，子どもが同居する家庭における配偶者に対する暴力（事実婚を含む）も心理的虐待にあたるとされた．

§2 家庭内暴力（DV）との関連

ここでいう家庭内暴力とは，ドメスティック・バイオレンス（Domestic Violence，以下，「DV」という）のことであり，配偶者間の暴力を意味している．2001（平成13）年に公布された「配偶者からの暴力の防止及び被害者の保護に関する法律」（以下，「DV防止法」という）では，配偶者とは事実婚を含み，また，離婚後（事実上離婚したと同様の事情にあることを含む）も引き続き暴力を受ける場合を含むとしている．

DVについては明確な定義はないが，身体的暴力，性的暴力，心理的暴力，経済的暴力，社会的暴力があるとされている．

DVが子どもの面前で行われることは，子どもに与える心理的外傷が大きく，前述のとおり，2004年の改正児童虐待防止法では，家庭における配偶者に対する暴力も虐待のひとつであると定義された．

§3 虐待防止の取り組み

児童虐待防止法第3条に，「何人も，児童に対し，虐待をしてはならない」とある．これは，われわれ共通の願いであり，子ども虐待の防止は社会全体で取り組まねばならない課題である．

子ども虐待の防止に向けては，発生予防から早期発見・早期対策，保護，家族再統合，再発防止，自立支援まで，重層的な取り組みが必要とされている．

2. 虐待・家庭内暴力防止に関する支援サービスの現状

§1 子ども虐待の現状

近年，子ども虐待が増加しているといわれるが，その現状を正確に把握することは困難である．児童相談所に寄せられる子ども虐待に関する相談，通告の件数がひとつの指標になっているが，2004（平成16）年の改正児童福祉法では，第一義的には市町村が子どもに関する相談の窓口になっており，児童相談所の相談件数に含まれない相談や，市町村にすら通告や相談がない件数が多く存在すると考えられる．

図XI―1は，全国の児童相談所における児童虐待相談対応件数の推移を示している．2000（平成12）年の児童虐待防止法施行以降，毎年増加しており，2010（平成22）年度には速報値で前年度を1万件以上上回る5万5,152件となっている（東日本大震災の影響により，宮城県・福島県・仙台市を除く）．子ども虐

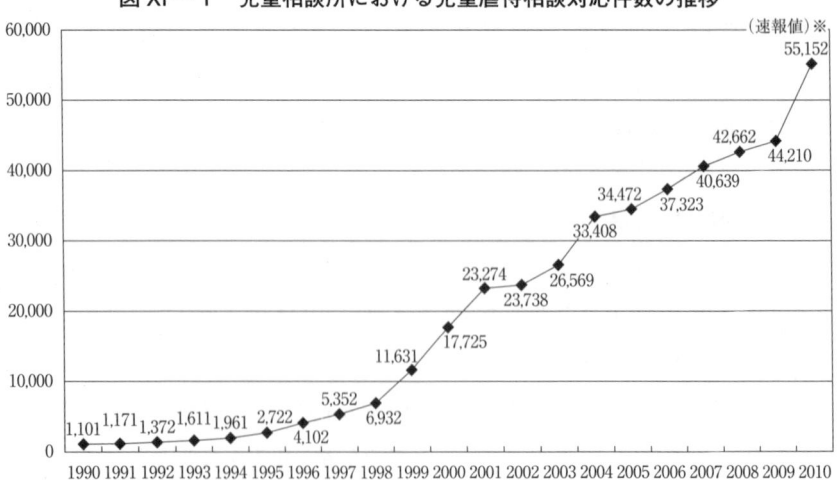

図XI―1　児童相談所における児童虐待相談対応件数の推移

年	件数
1990	1,101
1991	1,171
1992	1,372
1993	1,611
1994	1,961
1995	2,722
1996	4,102
1997	5,352
1998	6,932
1999	11,631
2000	17,725
2001	23,274
2002	23,738
2003	26,569
2004	33,408
2005	34,472
2006	37,323
2007	40,639
2008	42,662
2009	44,210
2010	55,152（速報値）※

出所）厚生労働省資料より　※2010（平成22）年度速報値は，宮城県，福島県，仙台市を除いた集計

に対する認識や関心が高まっており，とくに虐待された子どもが死亡したり重傷となる事件が大きく報道されると，以降，通告が増えるなどの傾向がみてとれる．

　虐待の内容別件数では，2009（平成21）年度においては，身体的虐待が39.3％と最も多く，ネグレクト（34.3%），心理的虐待（23.3%），性的虐待（3.1%）の順となっており，心理的虐待が増加傾向にある．[1]主な虐待者は実母が最も多く，次いで実父となっている．虐待を受けた子どもの年齢は，0～3歳未満，3歳～学齢前を合わせて，就学前年齢児が4割を超える．

　子ども虐待による死亡事例では，2009（平成21）年度に厚生労働省が把握した虐待死事例（心中を除く）47例49人のうち，0歳児が20人（40.8%）と最も多く，0～5歳児が約9割（43人）を占めている．[2]

§2 子ども虐待対応の流れ

　子ども虐待にはさまざまな要因があり，しかも複数の問題が複雑にからんでいることもある．

　それゆえ，子ども虐待の対応については，児童福祉法および児童虐待防止法などの法的な整備とともに，医療，保健，福祉，教育現場との連携など，総合的できめ細かな対応が求められる．

(1) 相談体制

1) 相談体制の強化

　子どもに関する相談にはさまざまな窓口がある．子ども虐待の通告を受け，調査や保護などの対応にあたるのが児童相談所であるが，児童相談所のみに相談を集中させるのではなく，2004年の改正児童福祉法では子育て家庭にとって身近な相談窓口として，市町村が担う役割を明確化するとともに，児童相談所の役割を要保護性の高い困難な事例への対応や市町村に対する後方支援に重点化することとした．

2）要保護児童対策地域協議会（子どもを守る地域ネットワーク）

また，2004年の改正児童福祉法では，関係機関が連携を図り子ども虐待等への対応を行う「要保護児童対策地域協議会（子どもを守る地域ネットワーク）」（以下「地域協議会」という）の設置が法定化され，地域協議会参加者の守秘義務が明確になった．これにより，市町村等に地域協議会が設置できることとなり，関係機関において要保護児童の状況を把握し，地域協議会で情報を共有して虐待対応にあたることとした．

子どもに関わるすべての専門職や機関が子ども虐待への理解を深め，連携しながら対応をしていく必要がある．市町村の子ども相談担当のほか，乳幼児をもつ子育て家庭にとっては，妊娠期から出産後の乳幼児健診や予防接種といった母子保健の総合相談窓口として保健センターの役割は大きい．

地域には，産科や小児科などの医療機関，幼稚園や小・中学校といった教育機関，保育所，乳児院や児童養護施設，児童家庭支援センター，そして児童委員・主任児童委員など子どもに関わるさまざまな機関や関係者が存在している．これらの機関が共通認識のもと，ネットワークを結び対応をすすめることが必要である．

たとえば，2008（平成20）年に改正された保育所保育指針には，「第5章 健康及び安全」のなかで，「子どもの心身の状態等を観察し，不適切な養育の兆候が見られる場合には，市町村や関係機関と連携し，児童福祉法第25条の2第1項に規定する要保護児童対策地域協議会で検討するなど適切な対応を図ること．また，虐待が疑われる場合には，速やかに市町村又は児童相談所に通告し，適切な対応を図ること．」とし，「第6章 保護者に対する支援」のなかでは，「保護者に不適切な養育等が疑われる場合」の支援についても，重ねて市町村などとの連携，地域協議会での検討，児童相談所などへの通告を促している．

(2) 児童相談所における対応

1）虐待通告，相談

児童相談所は子どもに関するあらゆる相談に応じており，子ども虐待の相談・通告は養護相談に含まれる．

児童福祉法第25条では要保護児童を発見した者の通告義務を規定し，児童虐待防止法第6条でも，「虐待を受けたと思われる児童を発見した者は，速やかに」児童相談所等に通告することを義務づけている．さらに，同法第5条では，学校，保育所などの児童福祉施設，病院などの機関や，教職員，保育士，医師，保健師，弁護士などは職務上子ども虐待を発見しやすい立場にあることから，その早期発見に努めるとともに，発見した場合は速やかに通告しなければならないと規定している．

2）調査

児童相談所は，虐待の相談や通告を受け，緊急受理会議を開き，調査を行う．その方法は家庭訪問などによる面接，電話，関係機関への照会などのほか，立入調査を実施する場合がある．

調査の内容は，子どもの状態，家庭環境，生育歴，家族の状況，虐待の事実と経過，子どもと保護者の関係，子どもや保護者の意向など多岐にわたり，援助に必要な情報を収集する．

相談や通告により子ども虐待が明らかになった場合，あるいは明確に虐待と判断できない場合でも，児童虐待防止法第8条により，児童相談所は速やかに子どもの安全を確認しなければならない．その方法は，原則として通告から48時間以内に，児童相談所職員もしくは児童相談所が依頼した者が直接目視により行うこととされている[3]．

3）立入調査

児童相談所は，子どもの安全を確認し状況を調査するために必要な場合には，児童福祉法第29条によって，家庭等への立入調査を行うことができる．また，子ども虐待が行われているおそれがある場合，保護者に対し，児童を同

伴して出頭することを求めることができる．

　保護者が正当な理由なく立入調査を拒否した場合には，再出頭を求め調査するが，保護者が再出頭要求を拒否した場合には，裁判所の許可状により，解錠して立ち入り（臨検），子どもを捜索することができることとなっている．

　児童相談所の立入調査，臨検・捜索にあたっては，警察に援助を求めることができ，警察との連携をすすめる必要がある．

　4）一時保護

　調査の結果，子どもを保護する必要がある場合には，速やかに一時保護を行う．一時保護は，原則として，親権者の同意を得て行うのが望ましいが，子どもの生命，身体の安全が脅かされる危険がある場合は，親権者の同意なく行うことができる．

　一時保護の期間は原則2か月以内で，行動観察のほか面接や心理判定を行う．

　5）援助

　調査内容，心理判定，医学診断，一時保護の行動観察などを踏まえ，総合的な見地から援助の方針を決定する．

　①　在宅指導

　虐待の内容や程度などから在宅での援助が適当と判断された場合，子どもを保護者のもとにおいて，児童福祉司などが家庭訪問や通所により家族関係の調整や指導を行う．

　②　施設入所措置，里親委託等

　子どもを家庭から分離する必要がある場合は，乳児院や児童養護施設，情緒障害児短期治療施設，児童自立支援施設などの児童福祉施設に入所させたり，里親に委託して保護を行う．子どもの施設入所や里親委託には親権者の同意が必要であるが，親権者が同意しない場合には，児童福祉法第28条により，児童相談所が家庭裁判所に措置の承認を申し立て，承認を得て入所措置を行うことができる．

③　親権喪失宣告請求

また，親が親権を濫用したりいちじるしく不行跡である場合は，児童福祉法第33条の7により，児童相談所は家庭裁判所に対し，親権喪失の宣言を請求することができる．

(3) 子ども虐待対策の強化

1) 子ども虐待と親権

子どもの虐待を防止するために，児童相談所の権限を強めて子どもの安全を確認し保護するなど，これまでにも法的整備により子ども虐待対策が強化されてきたが，さらに，2011 (平成23) 年には，子ども虐待の防止等を図り，子どもの権利利益を擁護する観点から，親権の停止制度を新設し，法人または複数の未成年後見人を選任することができるように，民法が一部改正された．[4]

2) 保護を要する子どもへの支援

児童養護施設などに入所する子どもの多くが入所までに虐待を受けた経験があり，入所児童への対応のみならず保護者への支援にも特別な配慮が必要なことから，児童養護施設などの施設に心理専門職や家庭支援専門相談員（ファミリーソーシャルワーカー）の配置がすすめられているが，さらに職員体制の充実・強化が求められている．

3) 家族再統合

虐待を受けた子どもへの支援は，保護することにとどまることなく，ゆがんでしまった親子関係を再構築し，虐待の再発を防止することにある．

2004年の改正児童福祉法において，家庭裁判所の承認を得て児童福祉施設へ入所措置や里親委託された場合は，その期間を2年以内とし，また，家庭裁判所が施設入所等の措置の承認を決定する際に，保護者に対して，児童相談所が行う指導措置について，家庭裁判所が関与するしくみが導入された．

さらに，2007年の児童福祉法および児童虐待防止法の一部改正では，児童福祉施設等の措置を解除する際には，保護者に対する指導の効果等や，虐待の予防のためにとられる措置について，見込まれる効果等を勘案しなければなら

ないとされている．

§3 虐待予防としての子育て支援

　子ども虐待の背景には，子育て家庭の孤立，子育てへの不安感・負担感の増大があると考えられる．子ども虐待の発生予防には，親の不安やストレスを軽減することが必要であり，孤立しがちな家庭への訪問や子育て家庭の交流など，子育て支援サービスが虐待の予防につながることが期待される．

(1) 乳児家庭全戸訪問事業（こんにちは赤ちゃん事業）

　生後4か月までの乳児のいる家庭すべてを訪問し，子育ての孤立を防ぐためにさまざまな不安や悩みを聞き，子育て支援に関する情報提供や養育環境などの把握を行うとともに，支援が必要な家庭に対して適切なサービス提供に結びつけることを目的としている．

(2) 養育支援訪問事業

　養育支援がとくに必要であると判断した家庭に対して，保健師，助産師，保育士などが家庭訪問し，養育に関する指導，助言を行う．

(3) 地域子育て支援拠点事業

　公共施設や保育所，児童館などの地域の身近な場所で，乳幼児のいる子育て中の親子の交流や育児相談，情報提供などを行うもので，ひろば型，センター型，児童館型がある．

　子育て支援サービスとしては，子育ての不安やストレスを解消する目的で，保育所等での一時預かり事業なども活用される．また，民間レベルでは，子育てを支援する団体や子育てサークルがさまざまな活動を行っている．

　さらに，望まない妊娠や，子どもに関わる経験がなく相談相手もいない若年での出産など，出産前からの支援を要する場合もあり，母子保健，福祉事務所などの関係機関の取り組みと連携が重要となる．

XI 虐待・家庭内暴力防止に関する支援サービス

図XI－2　配偶者からの暴力の防止および被害者の保護に関する法律の概要（チャート）

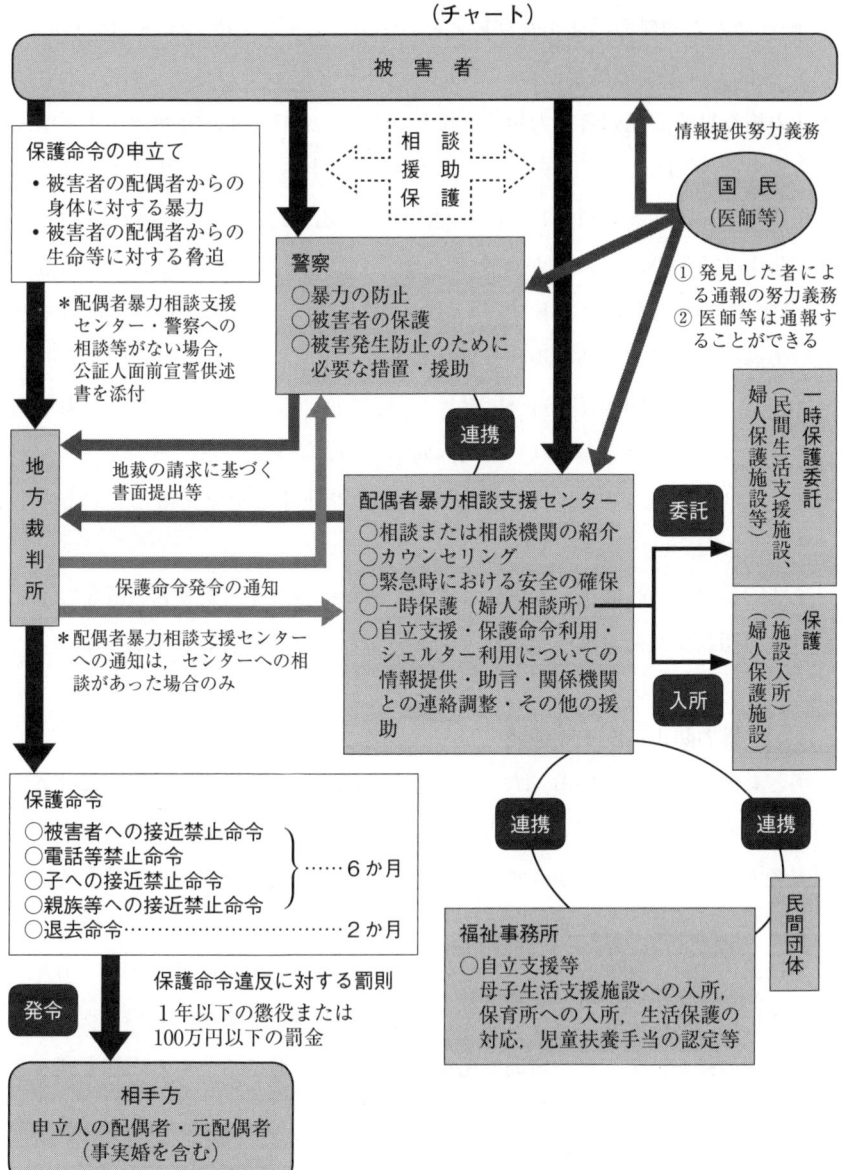

被害者

相談・援助・保護

保護命令の申立て
- 被害者の配偶者からの身体に対する暴力
- 被害者の配偶者からの生命等に対する脅迫

＊配偶者暴力相談支援センター・警察への相談等がない場合、公証人面前宣誓供述書を添付

警察
- 暴力の防止
- 被害者の保護
- 被害発生防止のために必要な措置・援助

情報提供努力義務

国民（医師等）
① 発見した者による通報の努力義務
② 医師等は通報することができる

地方裁判所
- 地裁の請求に基づく書面提出等
- 保護命令発令の通知

＊配偶者暴力相談支援センターへの通知は、センターへの相談があった場合のみ

配偶者暴力相談支援センター
- 相談または相談機関の紹介
- カウンセリング
- 緊急時における安全の確保
- 一時保護（婦人相談所）
- 自立支援・保護命令利用・シェルター利用についての情報提供・助言・関係機関との連絡調整・その他の援助

連携

委託 → **一時保護委託**（民間生活支援施設、婦人保護施設等）

入所 → **保護**（施設入所）（婦人保護施設）

保護命令
- 被害者への接近禁止命令
- 電話等禁止命令
- 子への接近禁止命令
- 親族等への接近禁止命令　……6か月
- 退去命令　……2か月

保護命令違反に対する罰則
1年以下の懲役または100万円以下の罰金

発令 → **相手方**　申立人の配偶者・元配偶者（事実婚を含む）

福祉事務所
- 自立支援等
  母子生活支援施設への入所、保育所への入所、生活保護の対応、児童扶養手当の認定等

連携 — **民間団体**

出所）内閣府　男女共同参画局資料より

§4 家庭内暴力（DV）の現状と対策

「配偶者からの暴力の防止及び被害者の保護に関する法律」（以下「DV防止法」という）による支援の概要については，図XI—2に示すとおりである．DV防止法の施行以降，配偶者暴力相談支援センターにおける相談件数は，年々増加しており，2010（平成22）年度は7万7,334件に上っている．警察における暴力相談等の対応件数も増加し，同年度には3万3,852件となっている[5]．

DVの被害者のほとんどが女性であり，子どもをもつ母親であることも多い．DVは支配と力のコントロールから発生するものとされ，その支配は子どもへの虐待として複層的に現れる場合もある．

2004年の改正児童虐待防止法では，家庭における配偶者に対する暴力も虐待のひとつであると定義され，また，同年のDV防止法改正においては，配偶者（加害者）に対して被害者の子どもへの接近禁止命令を発することができるようになった．

家庭内暴力（DV）は子ども虐待と大きく関わっており，児童相談所などと配偶者暴力相談支援センターや女性センターなどが連携を図る必要がある．

§5 暴力防止に関する啓発

子ども虐待も家庭内暴力（DV）も家庭内で起こることであり，周囲には気づかれにくい．また，加害者，被害者（被虐待児）ともに，自らが加害者であり，被害者であるという認識がうすいと考えられる．暴力防止に対する社会的関心を喚起し，広めることが必要である．

国においては，2004年から11月を「児童虐待防止推進月間」とし，子ども虐待防止に向けた広報・啓発活動を行っている．啓発ポスターやパンフレットでの広報のほか，テレビや新聞で児童相談所全国共通ダイヤルの周知も図っている．また，民間団体が中心となって，「オレンジリボン・キャンペーン」が行われている．

DV防止については，配偶者暴力相談支援センターや女性センターなどがポ

スターやパンフレットを作成し，また，暴力防止の講座を開くなどして啓発にあたっている．また，民間レベルでは，国際的な女性に対する暴力根絶運動として，日本ではNPO法人全国女性シェルターネットが中心となって，「パープルリボン・プロジェクト」によりキャンペーンを行っている．

3. 虐待・家庭内暴力防止に関する支援サービスの課題

§1 子ども虐待防止に関する課題

(1) 児童相談所における課題

子どもに関する相談は第一義的に市町村が担うこととなったが，児童相談所はその市町村の後方支援という新たな役割も加わった．

児童相談所は，子どもに関する多種多様な相談に応じるとともに，子ども虐待の対応の中枢を担っている．しかし，業務量の増加に比して人員の確保が十分でない．また，複雑多様な問題に対応するため高度な専門性が求められ，量的にも質的にも体制整備が課題となっている．

(2) 家族再統合と再発防止に向けた取り組み

児童相談所では虐待通告の初期対応に追われ，また，児童福祉施設についても困難な課題をもつ子どもが増えるなか，子ども一人ひとりに対してきめ細やかに援助し，家族再統合に向けた取り組みを行うには，人員の確保等困難な状況にある．適切な養育環境で子どもを引き取り，家族が再構築されるよう，子どもへの援助とともに保護者への援助が大きな課題になる．

家庭引き取りの際は，児童相談所，児童福祉施設等が市町村の地域協議会と協議し，関係機関で連携して家庭復帰後の支援を進めていかねばならない．

(3) 子育て支援サービスの充実

子育て家庭の孤立を防ぎ，子育ての不安感・負担感を軽減する子育て支援サービスの充実が求められる．とくに，自ら援助を求めない家庭への支援が大き

な課題となる．専門職の訪問などの公的なサービスと，民間レベルでの見守りなど，公私あいまって予防・啓発を進めていくことが必要である．

§2」家庭内暴力（DV）防止に関する課題

DV防止法では，配偶者の暴力から被害者を保護することを規定しているが，加害者に対しても，暴力が繰り返されないよう支援が求められる．

また，暴力を受けた被害者のその後の自立には大きな困難がある．子どもがいる場合はよりきめ細やかな支援が必要となる．児童相談所などと配偶者暴力相談支援センターや女性センターなどがより一層連携を図っていくことが求められる．

注）
1) 厚生労働省「平成21年度社会福祉行政業務報告」より．
2) 社会保障審議会児童部会児童虐待等要保護事例の検証に関する専門委員会による「子ども虐待による死亡事例等の検証結果等について（第7次報告）」（2011年7月20日公表）より．
3)「虐待通告のあった児童の安全確認の手引き」2010年9月30日付厚生労働省雇用均等・児童家庭局総務課長通知より．
4)「『民法等の一部を改正する法律』の施行について」2011年6月3日付厚生労働省雇用均等・児童家庭局総務課長通知より．
5) 内閣府男女共同参画局　配偶者からの暴力に関するデータより．

参考文献
柏女霊峰ほか編『児童福祉』樹村房，2009年
厚生労働省　http://www.mhlw.go.jp/
子どもの虹情報研修センター　http://www.crc-japan.net/index.php
才村純ほか編『保育者のための児童福祉』樹村房，2008年
児童虐待防止法令編集委員会編『児童虐待防止法令ハンドブック（平成21年版）』中央法規，2009年
内閣府男女共同参画局　http://www.gender.go.jp/
内閣府編『子ども・子育て白書（平成23年版）』勝美印刷株式会社，2011年
内閣府編『男女共同参画白書（平成23年板）』中和印刷株式会社，2011年
山縣文治ほか編『児童家庭福祉』ミネルヴァ書房，2010年

山崎嘉久ほか編『子ども虐待防止＆対応マニュアル（改訂第2版）』診断と治療社，2011年
山野則子『子ども虐待を防ぐ市町村ネットワークとソーシャルワーク』明石書店，2009年

XII

社会的養護に関する支援サービス

1. 社会的養護に関する支援サービスとは

いつの時代においても，何らかの事情により保護者（親権者）のもとで養育を受けることが難しい子どもたちが存在する．それは，たとえば保護者の死亡や行方不明，病気，逮捕，拘禁，あるいは戦争や災害などによって生じる．近年，虐待やネグレクトが社会的に大きな話題となっているが，親や家庭があっても，その親から不適切な養育を受けている子どもたちもいる．いうまでもなく，子の養育についての主たる担い手は保護者であるが，「児童福祉法」第2条では，「国及び地方公共団体は，児童の保護者とともに，児童を心身ともに健やかに育成する責任を負う．」と規定している．つまり，国や自治体は，親と共同（協働）して社会的に子育てを担う責任があるということを意味する．

また，「児童の権利に関する条約」第20条（外務省訳）では，「一時的若しくは恒久的にその家庭環境を奪われた児童又は児童自身の最善の利益にかんがみその家庭環境にとどまることが認められない児童は，国が与える特別の保護及び援助を受ける権利を有する．」と規定している．わが国では，このような状況に対する支援サービスとして，「児童福祉法」に基づき，乳児院や児童養護施設を中心とした児童福祉施設，または里親などによって家庭の代替的機能を提供している．「社会的養護」を狭義に捉えるならば，「児童福祉法」にいうところの「要保護児童」に対する家庭代替サービス機能をもつ入所型児童福祉施設や里親による養育を指すことが多い．なお，里親による養育は「施設養護」と対比され「家庭的養護」といわれる．

2011（平成23）年7月1日に発表された厚生労働省「児童養護施設等の社会的養護の課題に関する検討委員会・社会保障審議会児童部会社会的養護専門委

図XII－1　社会的養護の体系

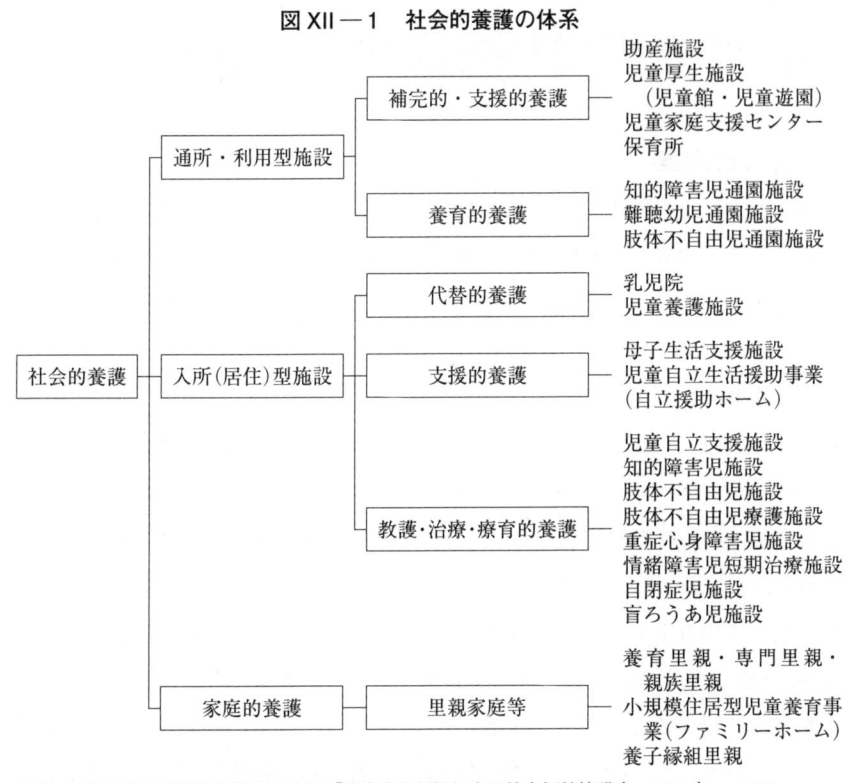

- 社会的養護
  - 通所・利用型施設
    - 補完的・支援的養護
      - 助産施設
      - 児童厚生施設（児童館・児童遊園）
      - 児童家庭支援センター
      - 保育所
    - 養育的養護
      - 知的障害児通園施設
      - 難聴幼児通園施設
      - 肢体不自由児通園施設
  - 入所(居住)型施設
    - 代替的養護
      - 乳児院
      - 児童養護施設
    - 支援的養護
      - 母子生活支援施設
      - 児童自立生活援助事業（自立援助ホーム）
    - 教護・治療・療育的養護
      - 児童自立支援施設
      - 知的障害児施設
      - 肢体不自由児施設
      - 肢体不自由児療護施設
      - 重症心身障害児施設
      - 情緒障害児短期治療施設
      - 自閉症児施設
      - 盲ろうあ児施設
  - 家庭的養護
    - 里親家庭等
      - 養育里親・専門里親・親族里親
      - 小規模住居型児童養育事業（ファミリーホーム）
      - 養子縁組里親

出所）新保育士養成講座編纂委員会編『児童家庭福祉』全国社会福祉協議会，2011年，p.169

員会とりまとめ」のなかでは「社会的養護」を「保護者のない児童や，保護者に監護させることが適当でない児童を，公的責任で社会的に養育し，保護するとともに，養育に大きな困難を抱える家庭への支援を行うこと」と定義している．

一方，今日では，いわゆる「養護問題」に関するニーズをもつ家庭だけではなく，あらゆる家庭への子育て支援が必要になっており，在宅（家庭での養育）を基本としつつ，児童福祉施設（児童家庭支援センター含む）や児童相談所などの各相談援助機関が通所などの形をとり相談に応じている．「社会的養護」を広義に捉えるならば，これらの「在宅による相談援助サービスなど」も含まれる．

2. 社会的養護に関する支援サービスの現状

§1 施設養護

わが国で社会的養護の中心的な役割を担っているのは入所型の児童福祉施設である．施設の養育形態については，大別すると大舎制（1舎での生活単位が児童20人以上），中舎制（1舎での生活単位が児童13から19人），小舎制（1舎での生活単位が児童12人以下）となっている．

(1) 乳児院

「児童福祉法」第37条において，「乳児院は，乳児（保健上，安定した生活環境の確保その他の理由により特に必要のある場合には，幼児を含む．）を入院させて，これを養育し，あわせて退院した者について相談その他の援助を行うことを目的とする施設とする．」と規定されている．「乳児」とは「児童福祉法」では，満1歳に満たない0歳児のことを指すが，1997（平成9）年の「児童福祉法」改正で疾病や障害などがあり，乳児院で援助することが適当と考えられる場合などは満2歳に達するまで養育が可能になった．また，2004（平成16）年の「児童福祉法」改正によって，とくに必要のある場合は小学校就学前までの幼児も入所可能となった．2010（平成22）年3月末現在，乳児院は全国に124か所，2,968人の乳幼児が入所している．2008（平成20）年2月1日現在の厚生労働省「児童養護施設入所児童等調査」によると，乳児院への主な入所理由は，①「母の精神疾患」(18.9%)，②「母の放任・怠だ」(8.4%)，③「両親の未婚」(7.9%)，④「養育拒否」(7.8%)となっている．

乳児院や児童養護施設等では児童相談所の措置による入所や一時保護委託のほか，地域の子育て支援サービスとして，市町村と契約を結びショートステイやトワイライトステイなどの事業も行っている．

(2) 児童養護施設

「児童福祉法」第41条において、「児童養護施設は、保護者のない児童（乳児を除く．ただし，安定した生活環境の確保その他の理由により特に必要のある場合には，乳児を含む．以下この条において同じ．），虐待されている児童その他環境上養護を要する児童を入所させて，これを養護し，あわせて退所した者に対する相談その他の自立のための援助を行うことを目的とする施設とする．」と規定されている．2004（平成16）年の「児童福祉法」改正により，とくに必要のある場合は「乳児」つまり0歳児も含むことになったが実際には設備や人員のこともあり，ほとんどの施設がおおむね2歳ごろから18歳未満の児童を養育している（必要に応じて満20歳まで延長可能）．2010（平成22）年10月1日現在，児童養護施設は全国に582か所，2万9,975人の児童が入所している．2008（平成20）年2月1日現在の厚生労働省「児童養護施設入所児童等調査」によると，児童養護施設への主な入所理由は，①母の放任・怠だ（11.7％），②母の精神疾患（10.1％），③母の虐待・酷使（8.5％）である．国は，小規模グループケアや地域小規模児童養護施設の推進を行っているが，現在も児童養護施設の約7割が大舎制をとっている．

(3) 児童自立支援施設

「児童福祉法」第44条において，「児童自立支援施設は，不良行為をなし，又はなすおそれのある児童及び家庭環境その他の環境上の理由により生活指導等を要する児童を入所させ，又は保護者の下から通わせて，個々の児童の状況に応じて必要な指導を行い，その自立を支援し，あわせて退所した者について相談その他の援助を行うことを目的とする施設とする．」と規定されている．2010（平成22）年10月1日現在，児童自立支援施設は全国に58か所，1,726人の児童が入所している．入所にあたっては，児童相談所からの措置以外に，家庭裁判所の少年審判により保護処分となり入所する場合がある．入所の直接的な理由は，窃盗や性非行，家出・徘徊など多岐にわたる本人の反社会的行動であるが，その背景には虐待やネグレクトなど家庭の養育環境に大きな課題があ

ることも少なくない．児童自立支援施設は，1997（平成9）年の「児童福祉法」改正までは「教護院」と呼ばれていた．また，さらにさかのぼり明治から昭和初期にかけては「感化院」と呼ばれていた歴史があり，その流れを汲み，現在も小舎夫婦制による養育を取り入れている施設もある．

(4) 情緒障害児短期治療施設

「児童福祉法」第43条の5において，「情緒障害児短期治療施設は，軽度の情緒障害を有する児童を，短期間，入所させ，又は保護者の下から通わせて，その情緒障害を治し，あわせて退所した者について相談その他の援助を行うことを目的とする施設とする．」と規定されている．2010（平成22）年10月1日末現在，情緒障害児短期治療施設は全国に33か所，1,175人の児童が入所している．ここでいう「情緒障害児」とは「情緒的な原因で家庭，学校，地域社会で不適応を呈した児童」とされるが「情緒障害」という表現は行政用語であり，誤解や偏見が生じるとして，「全国情緒障害児短期治療施設協議会」では「児童心理療育施設」の呼称を用いている．

(5) 母子生活支援施設

「児童福祉法」第38条において，「母子生活支援施設は，配偶者のない女子又はこれに準ずる事情にある女子及びその者の監護すべき児童を入所させて，これらの者を保護するとともに，これらの者の自立の促進のためにその生活を支援し，あわせて退所した者について相談その他の援助を行うことを目的とする施設とする．」と規定されている．2010（平成22）年10月1日現在，母子生活支援施設は全国に262か所，1万6人の母子が入所している．2008（平成20）年2月1日現在の厚生労働省「児童養護施設入所児童等調査」によると，「配偶者からの暴力」（40.8％）が最大の入所理由となっている．1997（平成9）年の「児童福祉法」改正により，「母子寮」から「母子生活支援施設」へと名称が変わり，措置から利用契約制へと移行した．入所には福祉事務所等が窓口となる．

(6) 自立援助ホーム（児童自立生活援助事業）

　自立援助ホームは「社会的養護の最後の砦」といわれながら長年，制度化が遅れていたが，2004（平成16）年の「児童福祉法」改正で「児童福祉法」に位置づけられ，さらに，2009（平成21）年の「児童福祉法」改正により，入所年齢が満20歳までとなったほか，都道府県の事業実施などが義務づけられている．しかし，地域間格差があり1か所も自立援助ホームがない自治体もある．

§2 家庭的養護

　わが国では，子どもが家庭での養育を受けられない場合に先ず考えられてきたのは施設での養育であり，里親への児童の委託率がとても低い（約1割）のが特徴である．欧米では里親中心の養育体制をとっており，近年，わが国でも児童の養育上の観点から社会的養護における里親の役割が注目されている．厚生労働省は，2011（平成23）年3月に「里親委託ガイドライン」を出し各自治体に対し里親の開拓，委託に力を入れるよう求めている．

(1) 里親制度

　里親とは「児童福祉法」第6条の3において，「保護者のない児童又は保護者に監護させることが不適当であると認められる児童（以下「要保護児童」という．）を養育することを希望する者であって，都道府県知事が適当と認めるものをいう．」と規定されている．わが国では，これまで里親といえば「養子縁組」が前提であるとの誤解や偏見が生じていたため，近年，制度の見直しが進められ，2008（平成20）年の「児童福祉法」改正により，①「養子縁組により養親となることを希望する里親」，②「養育里親」，③「専門里親」，④「親族里親」の4区分に明確化された．里親の登録，委託については児童相談所がその業務を担っている．国や児童相談所では里親を増やすため手当の充実や研修，支援体制の強化を図っている．

(2) 小規模住居型児童養育事業（ファミリーホーム）

　「児童福祉法」第6条の2第8項において，「この法律で，小規模住居型児童

養育事業とは，第27条第1項第3号の措置に係る児童について，厚生労働省令で定めるところにより，保護者のない児童又は保護者に監護させることが不適当であると認められる児童（以下「要保護児童」という．）の養育に関し相当の経験を有する者その他の厚生労働省令で定める者（次条第一項に規定する里親を除く．）の住居において養育を行う事業をいう．」と規定されている．養育体制は施設養護と家庭的養護の中間に位置し，5人から6人の児童を一般住居で養育するシステムであり，現在，厚生労働省ではこの「ファミリーホーム」の大幅な整備促進をめざしており，将来的には1,000か所程度の設置を見込んでいる．

3. 社会的養護に関する支援サービスの課題

2011（平成23）年6月に開催された厚生労働省「第4回児童養護施設等の社会的養護の課題に関する検討委員会」では，社会的養護の課題と将来像として，現在の社会的養護体制はニーズの変化（虐待，発達障害，DVの増加など）に対してハード・ソフト両面の変革が遅れていることを指摘したうえで，① 施設運営の質の向上（「施設運営指針」・「施設運営の手引き」の作成，第三者評価の義務づけなど），② 施設職員の専門性の向上（施設長の資格要件および研修の義務化など），③ 親子関係の再構築支援の充実，④ 自立支援の充実（児童の自立生活能力を高める養育，特別育成費の充実，大学等進学支度費・就職支度費の増額，措置延長，自立援助ホームの活用，アフターケアの推進など），⑤ 子どもの権利擁護（「被措置児童等虐待防止ガイドライン」の徹底など），⑥ 施設類型のあり方と相互連携，⑦ 社会的養護の地域化と市町村との連携をあげている．そのなかでも，児童養護施設については，小規模化をいっそう促進し，将来的には全施設を小規模グループケア化（「オールユニット化」）し，本体施設を定員45人以下に減らし，施設機能を地域ファミリーホームに分散（施設が新規開設）するとともに里親による家庭的養護

をいっそう促進すること，また本体施設は児童に対する専門的ケアや地域支援を行うセンター施設として高機能化を図ることとしている．長年据え置かれた人員配置（「児童福祉施設最低基準」）についても，たとえば小学生以上児童6人について職員1人という現況から児童4人に対して職員1人というように配置基準の変更が検討されている．しかし，被虐待児の増加やさまざまな課題のある児童・保護者への支援を行っていくうえで，ほんとうに必要な人材，専門性，支援体制とは何かということを根本から考え直す必要がある．

参考文献
井村圭壯・相澤譲治編著『児童家庭福祉の理論と制度』勁草書房，2011年
神戸賢次・喜多一憲編『新選・児童の社会的養護原理』みらい，2011年
厚生労働省「里親委託ガイドライン」 2011年
厚生労働省「第4回児童養護施設等の社会的養護の課題に関する検討委員会資料」 http://www.mhlw.go.jp/stf/shingi/2r9852000001hjj9.html，2011年
新保育士養成講座編纂委員会編『児童家庭福祉』全国社会福祉協議会，2011年
社会福祉の動向編集委員会編『社会福祉の動向』中央法規，2011年

XIII

障害児・難病の児童への支援サービス

1. 障害児・難病の児童への支援サービスとは

　2010年12月に「障害者自立支援法等の一部を改正する法律[1]」が成立した．それに伴い児童福祉法における障害児に関する部分が改正され，2012年4月1日より障害児への支援サービス内容が大きく変更となる．そのため，本章では2012年4月1日以降の障害児の支援サービスを中心に解説する．

§1〕 障害児・難病の児童に対する支援サービスの必要性

　障害児や難病の児童は成長・発達していく過程や日常生活において，その障害や疾病に起因した何らかの困難や不便を生じる場合もある．また，保護者もその養育にあたって難しさや困難を感じてしまう場合がある．

　児童福祉法では，すべての児童が心身健やかに生まれかつ育成されること，その生活が保障され愛護されることがうたわれている．障害児・難病の児童に対する福祉や医療サービスは，児童福祉法の理念に基づき児童の成長・発達を支えること，また養育にあたる家族を支援することを目的として行われる．

§2〕 障害児とは
(1) 障害児の定義

　改正児童福祉法では，障害児とは，18歳未満の児童のうち「知的障害のある児童」「身体障害のある児童」「精神に障害のある児童」（発達障害のある児童を含む）のことであると定義されている（以下，身体障害児，知的障害児，精神障害のある児童，発達障害児とする）．またそれぞれの障害児の定義は，以下である．

1）身体障害児

身体障害児とは，視覚障害，聴覚または平衡機能の障害，音声機能・言語機能またはそしゃく機能の障害，肢体不自由，内部障害があり，都道府県知事より身体障害者手帳の交付を受けた18歳未満の児童のことをいう．

2）知的障害児

知的障害の定義については，知的障害者福祉法においては明確に定義されていない．一般的には，厚生労働省の「知的障害児（者）基礎調査」において「知的機能の障害が発達期（おおむね18歳まで）にあらわれ，日常生活に支障が生じているため何らかの特別の支援を必要とするもの」と定義されている．そのような障害のある18歳未満の児童を知的障害児という．

3）精神障害のある児童

精神障害とは「精神保健及び精神障害者の福祉に関する法律」において「統合失調症，精神作用物質による急性中毒又はその依存症，知的障害，精神病質その他の精神疾患を有する者をいう」と定義されている．そのような障害のある18歳未満の児童を精神障害のある児童という．

4）発達障害児

発達障害とは，発達障害者支援法において「自閉症，アスペルガー症候群その他の広汎性発達障害，学習障害，注意欠陥多動性障害その他これに類する脳機能の障害であってその症状が通常低年齢において発現するものとして政令で定めるものをいう」と規定されている．そのような障害のある18歳未満の児童を発達障害児という．

(2) 障害児数

厚生労働省の調査によると，障害児の人数は以下となっている．

§3 難病の児童とは

難病とは，厚生労働省の定めた「難病対策要綱」によると「① 原因不明，治療法未確立であり，かつ，後遺症を残すおそれが少なくない疾患，② 経過

表 XIII — 1

	総　数	在宅者	施設入所者
身体障害児（18歳未満）	9.8万人	9.3万人	0.5万人
知的障害児（18歳未満）	12.5万人	11.7万人	0.8万人
精神障害のある児童（20歳未満）	17.8万人	7.4万人	0.4万人

注）精神障害のある児童については20歳未満を対象とした調査結果である．
出所）内閣府『障害者白書（平成22年版）』2010年，p.252より障害児に関する数値のみを抜粋した．

が慢性にわたり，単に経済的な問題のみならず介護等に著しく人手を要するため家庭の負担が重く，また精神的にも負担の大きい疾患」と定義されている．

それに基づき，厚生労働省は患者に医療費助成がなされる「特定疾患治療研究事業」の対象となる疾患を定めている．また，18歳未満の児童に対して「小児慢性特定疾患」が指定されている．それらを表XIII — 2にまとめている．

2. 障害児・難病の児童への支援サービスの現状

§1〕 障害児の施設サービス

従来，児童福祉法第7条において障害児福祉施設とは「知的障害児施設，知的障害児通園施設，盲ろうあ児施設，肢体不自由児施設，重症心身障害児施設」の5種類が規定されていた．また，障害者自立支援法には「児童デイサービス」が規定されていた．しかし，児童福祉法の改正に伴い，2012年4月1日より障害児施設は「障害児入所施設」，「児童発達支援センター」の2種類に再編されることとなった．また新たな事業として，従来の通所による障害児支援を大幅に変更した「障害児通所支援」が創設された．「障害児通所支援」は厳密には在宅サービスに分類される事業であるが，「児童発達支援センター」

表 XIII－2

- 特定疾患治療研究事業の対象となる疾患
 1．ベーチェット病，2．多発性硬化症，3．重症筋無力症，4．全身性エリテマトーデス，5．スモン，6．再生不良性貧血，7．サルコイドーシス，8．筋萎縮性側索硬化症，9．強皮症，皮膚筋炎および多発性筋炎，10．特発性血小板減少性紫斑病，11．結節性動脈周囲炎，12．潰瘍性大腸炎，13．大動脈炎症候群，14．ビュルガー病，15．天疱瘡，16．脊髄小脳変性症，17．クローン病，18．難治性の肝炎のうち劇症肝炎，19．悪性関節リウマチ，20．パーキンソン病関連疾患（進行性核上性麻痺，大脳皮質基底核変性症およびパーキンソン病），21．アミロイドーシス，22．後縦靭帯骨化症，23．ハンチントン病，24．モヤモヤ病（ウィリス動脈輪閉塞症），25．ウェゲナー肉芽腫症，26．特発性拡張型（うっ血型）心筋症，27．多系統萎縮症（線条体黒質変性症，オリーブ橋小脳萎縮症およびシャイ・ドレーガー症候群），28．表皮水疱症（接合部型および栄養障害型），29．膿疱性乾癬，30．広範脊柱管狭窄症，31．原発性胆汁性肝硬変，32．重症急性膵炎，33．特発性大腿骨頭壊死症，34．混合性結合組織病，35．原発性免疫不全症候群，36．特発性間質性肺炎，37．網膜色素変性症，38．プリオン病，39．肺動脈性肺高血圧症，40．神経線維腫症，41．亜急性硬化性全脳炎，42．バッド・キアリ（Budd-Chiari）症候群，43．慢性血栓塞栓性肺高血圧症，44．ライソゾーム病，45．副腎白質ジストロフィー，46．家族性高コレステロール血症（ホモ接合体），47．脊髄性筋萎縮症，48．球脊髄性筋萎縮症，49．慢性炎症性脱髄性多発神経炎，50．肥大型心筋症，51．拘束型心筋症，52．ミトコンドリア病，53．リンパ脈管筋腫症（LAM），54．重症多形滲出性紅斑（急性期），55．黄色靭帯骨化症，56．間脳下垂体機能障害（PRL分泌異常症　ゴナドトロピン分泌異常症　ADH分泌異常症　下垂体性 TSH 分泌異常症　クッシング病　先端巨大症　下垂体機能低下症）

- 小児慢性特定疾患治療研究事業の対象となる疾病
 1．悪性新生物，2．慢性腎疾患，3．慢性呼吸器疾患，4．慢性心疾患，5．内分泌疾患，6．膠原病，7．糖尿病，8．先天性代謝異常，9．血友病等血液・免疫疾患，10．神経・筋疾患，11．慢性消化器疾患

と関連の深いものなので，本項にて解説する．

(1) 障害児入所施設

障害児入所施設は，従来の「知的障害児施設」「盲ろうあ児施設」「肢体不自由児施設」「重症心身障害児施設」を再編した施設である．これは障害児を入

図 XIII — 1　障害者自立支援法等改正（2012年4月1日以降）による
　　　　　　障害児サービス変更のイメージ

〈入所型サービス〉

```
知的障害児施設    第一種自閉症児施設    第二種自閉症児施設
盲児施設    ろうあ児施設    肢体不自由児施設
肢体不自由児療護施設    重症心身障害児施設
```

↓

```
障害児入所支援
 ・医療型　・福祉型
```

〈通所型サービス〉

```
〈障害者自立支援法〉
 児童デイサービス
〈児童福祉法〉
 知的障害児通園施設    難聴幼児通園施設
 肢体不自由児施設    重症心身障害児（者）通園事業（補助事業）
```

↓

```
障害児通所支援
 ・児童発達支援            ・医療型児童発達支援
 ・放課後等デイサービス    ・保育所等訪問支援
```

注）本図は，社会・援護局障害保健福祉部障害福祉課／地域移行・障害児支援室が作成した「障害保健福祉関係主管課長会議資料（平成23年6月30日（木））」のp.49の図を基に作成したものである．

所させて，生活や発達の支援を行うことを目的としており，重度・重複障害児や被虐待児への対応を図るほか，自立（地域生活移行）のための支援も行う．

障害児入所施設は「福祉型障害児入所施設」「医療型障害児入所施設」の2種類に分かれる．「福祉型障害児入所施設」は，入所している障害児の保護，日常生活の指導および独立自活に必要な知識技能の付与を行う．また「医療型障害児入所施設」は，入所している障害児の保護，日常生活の指導，独立自活に必要な知識技能の付与および治療が行われる．

対象となる児童は身体障害児，知的障害児，精神障害のある児童（発達障

児も含む）である．医療型は入所する児童のうち知的障害児，肢体不自由児，重症心身障害児を対象とする．利用には手帳の有無は問わず，児童相談所，医師等により療育の必要性が認められた児童も対象となる．

(2) 児童発達支援センター

児童発達支援センターは，従来の児童福祉法による「知的障害児通園施設」や，障害者自立支援法における「児童デイサービス」などの通所型サービスを再編した施設である．これは障害児を日々保護者のもとから通わせて，生活や発達の支援を行うことを目的としている．また，身近な地域の障害児支援の専門施設として，通所利用の障害児への支援だけでなく，地域の障害児・その家族を対象とした支援や，保育所等の障害児を預かる施設に対する援助等にも対応する．

「福祉型児童発達支援センター」「医療型児童発達支援センター」の2種類に分かれる．「福祉型児童発達支援センター」は，通所する児童に対して，日常生活における基本的動作の指導，独立自活に必要な知識技能の付与または集団生活への適応のための訓練を行う．また「医療型児童発達支援センター」は，通所する児童に対して，日常生活における基本的動作の指導，独立自活に必要な知識技能の付与または集団生活への適応のための訓練および治療を行う．

対象となる児童は身体障害児，知的障害児，精神障害のある児童（発達障害児も含む）である．医療型は入所する児童のうち知的障害児，肢体不自由児，重症心身障害児を対象とする．利用には手帳の有無は問わず，児童相談所，医師等により療育の必要性が認められた児童も対象となる．

(3) 障害児通所支援

障害児通所支援は，従来の通所による障害児支援を大幅に変更したものであり，「児童発達支援」「医療型児童発達支援」「放課後等デイサービスセンター」「保育所等訪問支援」の4種類がある．

1）児童発達支援

児童発達支援センター等の施設に通わせ，日常生活における基本的な動作の

指導，知識技能の付与，集団生活への適応訓練等の便宜を供与する．

　2）医療型児童発達支援

肢体不自由のある児童についていき，医療型児童発達支援センターまたは指定医療機関等に通わせ，児童発達支援および治療を行う．

　3）放課後等デイサービス

学校（幼稚園および大学は除く）に就学している障害児について，授業の終了後または休業日に児童発達支援センター等の施設に通わせ，生活能力の向上のために必要な訓練，社会との交流その他便宜を供与する．

学校通学中の障害児に対して，放課後や夏休み等の長期休暇中に，生活能力の向上のための訓練等を継続的に提供することにより，学校教育と相まって障害児の自立を促進するとともに，放課後等の居場所づくりを推進することを目的とする．

　4）保育所等訪問支援

保育所など児童が集団生活を営む施設等に通う障害児について，その施設を訪問し，障害児以外の児童との集団生活への適応のための専門的な支援その他の便宜を供与する．

保育所等を利用中の障害児，または今後利用する予定の障害児が，保育所等における集団生活の適応のための専門的な支援を必要とする場合に，この事業を提供することにより，保育所等の安定した利用を促進することを目的としている．

§2　障害児の在宅サービス

障害児の地域での生活や発達を支援するため，保護者の養育を支えることを目的として，さまざまな障害児の在宅福祉サービスがある．ここでは(1)「障害者手帳」，(2)「居宅介護（ホームヘルプ）」，(3)「短期入所（ショートステイ）」，(4)「補装具，日常生活用具」，(5)「自立支援医療」，(6)「経済支援」の制度について解説する．

(1) 障害者手帳

　福祉サービスを始めとした，さまざまな障害者支援施策を利用するために，障害者手帳制度がある．障害者手帳には，「身体障害者手帳」「療育手帳」「精神障害者保健福祉手帳」の3種類がある．

　1）身体障害者手帳

　身体障害者手帳は，保健福祉サービスを受ける場合や，税の免限，鉄道運賃の割引等の制度を利用するために，「身体障害程度等級表」に該当する障害のある身体障害児・者に交付されるものである．

　障害の程度に応じて1級から6級の等級がある．申請方法は，都道府県の指定する医師の診断書および意見書を添付し，福祉事務所を経由し知事に申請する．15歳未満の身体障害児については保護者が代わって申請する．

　2）療育手帳

　療育手帳は，知的障害児・者に対して一貫した指導・相談を行うとともに，知的障害児・者に対する各種の援助措置を受けやすくすることを目的として交付される．本人または保護者が福祉事務所に申請し，児童相談所または知的障害者更生相談所において知的障害と判定された者に交付される．原則として2年ごとに判定を行う．障害の程度に応じて，原則としてA（重度），B（その他）に区分される．援助措置として，特別児童扶養手当の支給やJR等の運賃割引などの措置がとられる．

　3）精神障害者保健福祉手帳

　精神障害者保健福祉手帳は，精神障害のある方々の社会復帰を促進し，自立と社会参加の促進を図るための各種の施策を講じるために交付されるものである．本人や家族などが，医師の診断書または年金証書の写しを添付し市町村に申請し，都道府県・指定都市の審査の上交付される．精神疾患の状態と生活能力の状態の両面から総合的に判断し，1級から3級の等級に区分される．2年ごとの更新の手続きが必要である．主な援助措置としては，自立支援医療の支給認定申請にかかる事務手続きの一部省力化などがある．

(2) 居宅介護(ホームヘルプ)

障害児の居宅介護(ホームヘルプ)は，児童の居宅に訪問介護員(ホームヘルパー)を派遣して，入浴，排せつの介助や，食事，調理，洗濯，掃除等を行う．また，家事や生活等に関する相談や助言その他の生活全般にわたる援助を行う．

(3) 短期入所(ショートステイ)

短期入所(ショートステイ)は，在宅の障害児の保護者が，疾病や事故など何らかの理由で，児童を養育することが困難となった場合に，児童を一時的に障害児施設に入所させ支援する．

(4) 補装具，日常生活用具

市町村は障害児の保護者から申請があり，障害の状態から見て補装具の購入または修理が必要と認められる場合，その補装具の購入または修理に要した費用について，補装具費が支給される．補装具の品目については次のとおりである．①義肢，②装具，③座位保持装置，④盲人安全つえ，⑤義眼，⑥眼鏡，⑦補聴器，⑧車いす，⑨電動車いす，⑩座位保持いす，⑪起立保持具，⑫歩行器，⑬頭部保護具，⑭排便補助具，⑮歩行補助つえ，⑯重度障害者用意思伝達装置．

また，重度の障害児の日常生活を支援するために，自立生活支援用具等の日常生活用具が給付または貸与される．日常生活用具の品目は次のとおりである．①介護訓練用具(特殊寝台，特殊マットなど)，②自立生活支援用具(入浴補助用具，聴覚障害者用屋内信号装置など)，③在宅療養等支援用具(電気式たん吸引器，盲人用体温計など)，④情報・意思疎通支援用具(点字器，人口咽頭など)，⑤排泄管理支援用具(ストーマ装具など)，⑥居宅生活動作補助用具(障害者等の居宅生活の動作等を円滑にする用具であって，設置に小規模な住宅改修を伴うもの)．

(5) 自立支援医療

障害児への医療支援策として，医療費の公費負担を行う「自立支援医療制度」がある．障害児に関する自立支援医療には，身体障害児を対象とした「育

成医療」，精神障害のある児童を対象とした「精神通院医療」の2種類がある．

　1）育成医療

　身体障害のある児童に対し，その障害を除去または軽減し生活能力を得るために必要な医療を給付するものである．給付の内容は以下である．① 診察，② 薬剤または治療材料の支給，③ 医学的処置，④ 居宅における療養上の管理およびその治療に伴う世話その他の看護，⑤ 病院または診療所への入院およびその療養に伴う世話その他の看護，⑥ 移送．

　2）精神通院医療

　精神障害の適正な医療の普及を図るため，精神障害のある児童に対し，本人が病院または診療所に入院することなく行われる精神障害の医療である．

(6) 経済支援

　障害児を養育する家庭への経済支援策として「特別児童扶養手当」「障害児福祉手当」について解説する．

　1）特別児童扶養手当

　精神または身体に障害を有する児童を監護，養育している保護者に手当を支給することにより福祉の増進を図ることを目的とした制度である．この手当の支給対象となる障害児とは，満20歳未満で一定の障害の程度にあるものをいう．手当は支給の対象となる障害児を養育する父もしくは母，または父母に代わって児童を養育している者に支給される．支給額は2010年度では，1級に該当する障害児1人につき月額50,750円，2級障害に該当する障害児1人につき月額33,800円である．

　2）障害児福祉手当

　20歳未満であって，重度の障害の状態にあるため，日常生活において常時の介護を必要とする程度の状態にある在宅の障害者で，都道府県知事・市長および福祉事務所を管轄する町村長の認定を受けたものに支給される．支給額は2010年度では，障害児1人につき14,380円である．

§3 難病の児童への支援サービス

難病の児童への施策は，1972年に定められた「難病対策要綱」を基本として対策が講じられており，医療費の公費負担や在宅サービスに関する制度等がある．以下では，「難病患者居宅生活支援事業」「小児慢性特定疾患治療研究事業」「小児慢性特定疾患児日常生活用具給付事業」および児童福祉法に基づいた「療育の指導」について解説する．

(1) 難病患者居宅生活支援事業

難病患者居宅生活支援事業は，患者のQOLを向上し，地域における自立と社会参加を促進することを目的として，1997年から開始された事業である．「難病患者等ホームヘルプサービス事業」「難病患者等短期入所（ショートステイ）事業」「難病患者等日常生活用具給付事業」「難病患者等ホームヘルパー養成研修事業」がある．

対象となる者は，次の要件をすべて満たすものである．① 日常生活を営むにあたり，介護等のサービスの提供を必要とする者，② 難治性疾患克服研究事業（臨床調査研究分野）の対象疾患（130疾患）および関節リウマチの患者，③ 在宅で療養が可能な程度に病状が安定していると医師によって判断されている者，④ 老人福祉法，障害者自立支援法，介護保険法などのサービスの対象とならない者．

1）難病患者等ホームヘルプ事業

難病患者が居宅において日常生活を営むことができるよう，難病患者等の家庭に対してホームヘルパーを派遣し，入浴等の介護や掃除などの家事サービスを提供し，難病患者等の福祉の増進を図る．

2）難病患者等短期入所（ショートステイ）事業

難病患者の介護を行う人が，病気や冠婚葬祭などの社会的理由または個人的な旅行などの私的理由により介護を行えなくなった場合に，難病患者等を一時的に病院等の医療施設に保護する．

3）難病患者等日常生活用具給付事業

難病患者等に日常生活用具を給付することにより，日常生活の支援を行う．給付品目は次の17品目である．① 便器，② 特殊マット，③ 特殊寝台，④ 特殊尿器，⑤ 体位変換器，⑥ 入浴補助用具，⑦ 車いす（電動車いすを含む），⑧ 歩行支援用具，⑨ 電気式たん吸引器，⑩ 意思伝達装置，⑪ ネブライザー（吸入器），⑫ 移動用リフト，⑬ 居宅生活動作補助用具，⑭ 特殊便器，⑮ 訓練用ベッド，⑯ 自動消火器，⑰ 動脈血中酸素飽和度測定器（パルスオキシメーター）．

4）難病患者等ホームヘルパー養成研修事業

難病患者等の多様なニーズに対応した，適切なホームヘルプサービスを提供するために必要な知識，技能を有するホームヘルパーの養成を図る．

(2) 小児慢性特定疾患治療研究事業

小児慢性疾患のうち，小児がんなど特定の疾患については，その治療が長期間にわたり，医療費の負担も高額となることから，その治療の確立と普及を図り，併せて患者家庭の医療費の負担軽減にも資するため，医療費の自己負担分を補助する事業．対象は18歳未満（引き続き治療が必要と認められる場合は20歳未満）の児童で厚生労働大臣が定める疾患（11疾患群，514疾病が対象）に罹った者．

(3) 小児慢性特定疾患児日常生活用具給付事業

疾病により，日常生活を営むのに支障のある在宅の小児慢性特定疾患児に対して，日常生活用具を給付することにより日常生活の支援を行う事業．給付品目は次の15品目である．① 便器，② 特殊マット，③ 特殊寝台，④ 歩行用支援用具，⑤ 入浴補助用具，⑥ 特殊尿器，⑦ 体位変換器，⑧ 車いす，⑨ 頭部保護帽，⑩ 電気式たん吸引器，⑪ クールベスト，⑫ 紫外線カットクリーム，⑬ ネブライザー（吸引器），⑮ パルスオキシメーター．

(4) 療育の指導

慢性疾患により，長期にわたって療養が必要な児童について，適切な療育を確保するために，その疾患の状態および療育の状況を把握し，診査または相談

に応じ，必要な療育の指導を行う．内容としては「療育相談指導」「巡回相談指導」「小児慢性特定疾患児ピアカウンセリング」がある．保健所の専門医師が中心となって実施される．

1）療育相談指導

保健所が，長期療養児に対し，家庭看護，食事・栄養および歯科保健に関する指導を行うとともに，福祉制度の紹介，精神的支援，学校との連絡調整，その他日常生活等に関し必要な内容について相談指導を行う．

2）巡回相談指導

保健所の利用が困難な地域に対して巡回指導および訪問指導を行う．

3）小児慢性特定疾患児ピアカウンセリング

小児慢性特定疾患児等を養育する親等の日常生活を送るうえでの不安や悩みなどを軽減するため，小児慢性特定疾患児等を養育していた親等による相談事業を実施する．

3. 障害児・難病の児童への支援サービスの課題

先にも述べたように，児童福祉法の改正により 2012 年 4 月 1 日より，障害児に対する支援サービスは大きく変更される．今後の障害児・難病の児童への支援体制を構築していくための課題を以下に述べる．

§1 すべての児童を対象とした支援体制の構築

児童福祉法上に，精神障害のある児童や発達障害児が支援の対象として明確に規定されたことは一定の評価ができるだろう．そして，徐々にではあるが支援サービスも整えられつつある．しかし，障害児や難病の児童，高次脳機能障害のある児童など，まだ社会的な理解が不十分であり，児童家庭福祉施策としての支援サービスが十分に行き届いていない児童も数多く存在する．児童福祉

法では，すべての児童が心身健やかに生まれかつ育成されること，その生活が保障され愛護されることがうたわれている．そういった理念のもと，すべての児童を対象とした支援の体制を構築していく必要がある．

§2 さまざまな分野の連携による支援体制の充実

障害児・難病の児童への支援は，福祉，医療，保健，教育などさまざまな分野が連携して提供されるものである．児童またその家族のニーズに応じた支援を行うために，さまざまな分野をコーディネートできる相談支援体制が整備される必要がある．

§3 家族への支援体制の充実

障害児・難病の児童の生活や成長・発達への支援を考えるうえで，その児童を養育する親などをはじめとした家族への支援を切り離して考えることはできない．家族が障害児・難病の児童の養育を行うなかで，何らかの難しさや困難を感じてしまう場合もある．そういったときに気軽に相談できる場所や，専門的な助言・情報提供をうけることのできる機関などの支援体制を充実させる必要がある．また保育者をはじめとした児童や家族にかかわる援助者は，適切な助言や支援ができるように，障害や疾病の知識，支援サービスの情報などを把握しておく必要がある．

注)
1) 法律の正式名称を「障がい者制度改革推進本部等における検討を踏まえて障害保健福祉施策を見直すまでの間において障害者等の地域生活を支援するための関係法律の整備に関する法律」という．

参考文献
柏女霊峰ほか編『児童福祉』樹村房，2009 年
植木信一編『児童や家庭に対する支援と児童・家庭福祉制度』弘文堂，2009 年
『社会保障の手引き　平成 23 年 1 月改訂』中央法規，2011 年
内閣府『障害者白書（平成 22 年版）』2010 年

厚生統計協会編『図説　国民衛生の動向2010／2011』厚生統計協会，2010年
日本発達障害福祉連盟『発達障害白書（2011年版）』日本文化科学社，2010年
中島孝監『難病患者等ホームヘルパー養成研修テキスト［改訂第8版］』社会保険出版社，2008年

XIV

非行防止に関する支援サービス

1. 非行防止に関する支援サービスとは

§1 非行少年への支援の視点

個人や集団によって起こる逸脱行動のうち,破壊的あるいは攻撃的なもので人,社会に迷惑をかけるものとして反社会的問題がある.未成年に関しては一般に非行として取り上げられることが多い.警察庁では,非行少年を犯罪少年,触法少年,ぐ犯少年に分類して対応している.

わが国における非行少年への関わりは教育・福祉的理念に基づくものである.少年法第1条においては「この法律は,少年の健全な育成を期し,非行のある少年に対して性格の矯正及び環境の調整に関する保護処分を行う」とあり,児童福祉法第1条においては「すべて児童は,ひとしくその生活を保障され,愛護されなければならない」とある.よって,非行少年を保護し,できる限り,再スタートを切れる環境を整えることが,少年の最善の利益となるというものである.そのため,年齢により保護処分や刑罰に制限が加えられており,もちろん死刑もない.

また,児童福祉法第1条において明記されているとおり,「国民は,児童が心身ともに健やかに生まれ,且つ,育成されるよう努めなければならない」し,「国及び地方公共団体は,児童の保護者とともに,児童を心身ともに健やかに育成する責任を負う」のである.非行防止に向けた支援は,地域住民や関係機関による連携のもと,社会全体で展開していかなければならない.何よりも国および地方公共団体は公的責任として,支援の方向性を明確に指し示していく必要がある.

§2 少年非行の位置づけ

非行の具体的な内容としては次のようなものをあげることができる[1].

① 凶悪犯……殺人,強盗,放火,強姦など.
② 粗暴犯……暴行,傷害,脅迫,恐喝,凶器準備集合など.
③ 窃盗犯……侵入盗（空き巣,事務所荒し,倉庫荒し）,乗物盗（自動車,オートバイ,自転車）,万引き,部品ねらい,ひったくり,自動販売機ねらいなど.
④ 知能犯……詐欺,横領,偽造など.
⑤ 風俗犯……賭博,わいせつなど.
⑥ 特別法犯……覚醒剤・大麻取締法,不正アクセス禁止法,軽犯罪法,銃刀法など.

少年法などによる用語定義は表XIV―1のとおりである.

表XIV―1 少年法等における用語説明

少年	20歳未満の者をいう（少年法第2条）.
児童	18歳未満の者をいう（児童福祉法第4条）
成人	20歳以上の者をいう（少年法第2条）.
保護者	年に対して法律上監護教育の義務ある者及び少年を現に監護する者をいう（少年法第2条）.
犯罪少年	罪を犯した14歳以上20歳未満の者をいう（少年法第3条）.
触法少年	刑罰法令に触れる行為をした14歳未満の者をいう（少年法第3条）.
刑法犯少年	刑法犯の罪を犯した犯罪少年をいい,犯行時および処理時の年齢がともに14歳以上20歳未満の少年をいう.
特別法犯少年	特別法犯の罪を犯した犯罪少年をいう.
触法少年（特別法）	特別法犯の罪に触れる行為をした触法少年をいう.
ぐ犯少年	保護者の正当な監督に服しない性癖があるなど,一定の事由があって,その性格または環境から判断して,将来,罪を犯し,または刑罰法令に触れる行為をするおそれのある少年をいう（少年法3条）.

出所）筆者作成.

2. 非行防止に関する支援サービスの現状

§1　非行少年の現状

　警察庁生活安全局少年課「少年非行等の概要」によると，2010（平成22）年中の刑法犯少年は，85,846人であり，7年連続で減少している．しかし，同年齢層人口1,000人当たりの刑法犯少年の検挙人員は11.8人で成人の5.1倍と高い水準にある．不良行為少年の補導人員も2002（平成14）年から100万人を超える状態が続いており，2010（平成22）年中で1,011,964人となっている．触法少年（刑法）は17,727人で前年比1.7％減となっている．

　また，児童の犯罪被害の状況としては，児童に淫行をさせる等少年の心身に有害な影響を与える福祉犯の送致件数は，2010（平成22）年中8,146件となっており，うち児童福祉法による送致が402件，児童売春・児童ポルノ法による送致が2,296件となっている．さらに同年における児童虐待事件における被害児童数は362人，死亡児童数33人である．

§2　非行少年への福祉的支援

　非行少年のうち，比較的低年齢な子どもや家庭的要因と判断される子どもは，図XVI－1のとおり，児童福祉法上の措置がとられる．具体的には，児童相談所の調査判定に基づいて，次の方法がとられる[2]．
① 児童や保護者を訓戒し，または誓約書を提出させる．
② 児童福祉司，社会福祉主事，児童委員などに指導させる．
③ 里親に委託する，または児童自立支援施設などの児童福祉施設に入所させる．
④ 家庭裁判所に送致する．

　2009（平成21）年度の児童相談所における非行相談における受付件数18,138件，対応件数は17,690件である．その対応についてみてみると，訓戒・誓約

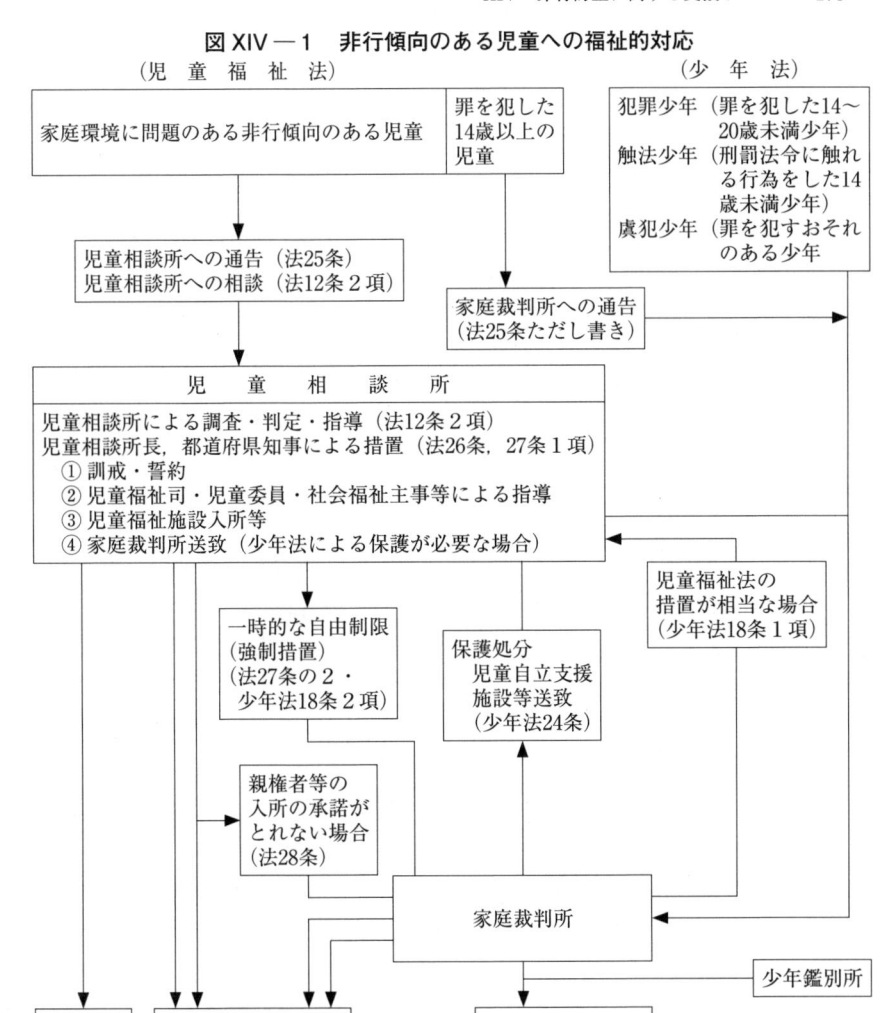

XIV 非行防止に関する支援サービス　173

図XIV－1　非行傾向のある児童への福祉的対応

（児童福祉法）　　　　　　　　　　　　　　　（少年法）

```
┌─────────────────────────┐  ┌──────────┐   犯罪少年（罪を犯した14～
│家庭環境に問題のある非行傾向のある児童│  │罪を犯した│            20歳未満少年）
└─────────────────────────┘  │14歳以上の│   触法少年（刑罰法令に触れ
                              │児童      │            る行為をした14
                              └──────────┘            歳未満少年）
             │                      │         虞犯少年（罪を犯すおそれ
             ↓                      ↓                  のある少年
┌─────────────────────────┐  ┌──────────────┐
│児童相談所への通告（法25条）          │  │家庭裁判所への通告│
│児童相談所への相談（法12条2項）       │  │（法25条ただし書き）│
└─────────────────────────┘  └──────────────┘
             ↓
┌─────────────────────────────────────────┐
│              児 童 相 談 所                           │
│児童相談所による調査・判定・指導（法12条2項）           │
│児童相談所長，都道府県知事による措置（法26条，27条1項）│
│　①訓戒・誓約                                         │
│　②児童福祉司・児童委員・社会福祉主事等による指導      │
│　③児童福祉施設入所等                                 │
│　④家庭裁判所送致（少年法による保護が必要な場合）      │
└─────────────────────────────────────────┘
                              ┌──────────────┐
         ↓                    │児童福祉法の      │
  ┌──────────┐  ┌──────────┐ │措置が相当な場合  │
  │一時的な自由制限│  │保護処分    │ │（少年法18条1項） │
  │（強制措置）  │  │児童自立支援│ └──────────────┘
  │（法27条の2・ │  │施設等送致  │
  │少年法18条2項）│  │（少年法24条）│
  └──────────┘  └──────────┘
        ↓
  ┌──────────┐
  │親権者等の    │
  │入所の承諾が  │
  │とれない場合  │
  │（法28条）    │
  └──────────┘
                    ┌──────────────┐
                    │　家庭裁判所      │
                    └──────────────┘           少年鑑別所

┌────┐  ┌──────────┐  ┌──────────┐
│家庭での│  │児童自立支援施設│  │少年院      │
│指導    │  │児童養護施設  │  │保護観察所  │
└────┘  └──────────┘  └──────────┘
```

出所）厚生労働統計協会編『国民の福祉の動向2011／2012』厚生労働統計協会，2011年，p.67

が1,384件，児童福祉司による指導が1,152件，児童委員による指導が18件児童家庭支援センター指導・指導委託が6件，児童福祉施設入所が996件・通所2件，里親委託が21件，児童福祉法第27条の3による家庭裁判所送致（児童

福祉施設への対応件数中による）が54件となっている[3]．

§3〕 児童自立支援施設

都道府県は児童福祉法施行令第36条により，児童自立支援施設の設置が義務づけられている．児童自立支援施設は，「不良行為をなし，又はなすおそれのある児童及び家庭環境その他の環境上の理由により生活指導等を要する児童を入所させ，又は保護者の下から通わせて，個々の児童の状況に応じて必要な指導を行い，その自立を支援し，あわせて退所した者について相談その他の援助を行うことを目的とする施設」である（児童福祉法第44条）．2008（平成20）年現在で58施設（公立56，私立2）が設置されている．当初は小舎夫婦制により，夫婦である職員が寮舎に住み込み，子どもたちと一緒に生活を共にする支援形態によって運営されていたが，近年は交代制による運営もある．

「児童自立支援施設入所者全体の約6割，国立の施設では約8割が児童虐待の被害者であるとされているなど，犯罪・非行少年は家庭にそもそも問題を抱えている[4]」といった非行問題と虐待の関連性が指摘されている．

§4〕 自立援助ホーム（児童自立生活援助事業）

義務教育を終了した20歳未満の子どもを対象に，施設退所後などに就労活動を行ううえでの相談や日常生活の援助や指導，就業の支援を行う施設である．子どもたちは共同生活を営みながら自立をめざす．入所定員は5人から20人である．

施設を退所した子どもたちが頼れる場所も人もいない状況で社会に放り出されることがないように，こうした受け皿の充実が求められる．

§5〕 少年サポートセンター，少年サポートチーム

少年サポートセンターは全都道府県の警察施設等に設置されており，少年補導職員を中心に，児童相談所や学校等と連携し，少年相談活動や街頭補導活

動，立ち直り支援等の非行防止対策を行っている．

　少年サポートチームは，個々の少年の問題状況に的確に対応するために，警察，学校，児童相談所，保護観察所等の関係機関がチームとしてネットワークを構築し，対応するものである．この取り組みは少年たちが抱える複雑多様化した問題に対して，適切な役割分担の下で対処することに特徴がある．よって，サポートチームとして円滑に機能するために各機関の緊密な連携体制の構築が重要となる．

§6〕 少年法の改正

　深刻化する少年非行に対応するために2007（平成19）年に「少年法等の一部を改正する法律案」が国会に提出され，可決，成立した．

　本法律の改正点は，触法少年に係る事件での警察官による調査手続きの整備，おおむね12歳以上の少年について，家庭裁判所がとくに必要と認める場合には少年院送致の保護処分ができること，保護観察に付された者が遵守すべき事項を遵守しなかった場合の措置等に関する規定の整備と少年院や保護観察所の長が保護者に対し指導，助言等をすることができる旨の明確化，一定の重大事件について，国選付添人を付する制度の創設などである．

3. 非行防止に関する支援サービスの課題

　近年，少年犯罪に対する厳罰化に世論が動いている．事実，2000（平成12）年以降，少年犯罪の凶悪化や低年齢化を根拠に少年法の厳罰化改正が進められた．子どもたちの再犯率が低いとは評価し難い現状をみると「少年だから罰則なしということはおかしい」という世論の声が大きくなることも不思議なことではない．しかし，そもそも少年法は教育的理念から成り立っているものである．また「罰則ありきの対応が福祉的支援といえるのか」という声に福祉関係

者たちは胸を張って反論できるのであろうか．「罪を恨んで人を憎まず」という言葉があるとおり，非行少年への対応が彼ら自身への制裁的対処によって，社会から排除することにならないようにしなければならない．福祉専門職は善悪を審判する立場にないこと，社会的審判に応じて支援対象を決定するものでもないことを忘れてはならない．

　成長過程にある子どもたちの保護や健全育成の視点を失えば，彼等の将来は排除と孤独に満ちた希望のもてない将来しかみえてこない．実際のところ，施設や少年院を退院した後の環境整備は必要不可欠でありながら，子どもたちに用意されている利用可能な施設や就職先，家庭環境等の社会資源は再出発に十分な環境とは言い難い．東京都の調査によると，施設退所後にまず困ったこととして「孤独感，孤立感」と回答した者が30％と最も多く，困った時に「誰にも相談しなかった」と回答した者が17％にも及んでいる[5]．人は人の影響を受ける．いつ，誰と出会うかによって，その後の人生が大きく異なる．成長過程にある子どもたちならば，なおさらのことである．たとえば，「困ったことがあったらいつでも相談にのるから」とかけられる声が保護司からか暴力団からかでは，その後に開かれた道が大きく異なることは容易に理解できる．非行に関する支援はどんな罰を与えたかではなく，どんな関わりをしたかにその価値を見出すべきである．そのためにも非行問題を抱える少年たちにとって，ひとつでも多くの有益な出会い，情報，居場所を創出できる支援環境の整備が望まれる．そのためにも，非行問題を地域の問題と捉え，保護者に加え，地域住民，行政，各専門家が連帯してこの問題に取り組む必要がある．

注）
1）星野政明・川出登貴子・三宅邦建編『子ども福祉と子育て家庭支援』みらい，2007年，p.143
2）厚生労働統計協会編『国民の福祉の動向 2011／2012』厚生労働統計協会，2011年，p.67
3）同上書，pp.253-254
4）国務大臣鴻池祥肇「少年非行対策のための提案」2003年9月

5)『週刊福祉新聞』第2543号,2011年9月12日

参考文献
柏女霊峰『子ども家庭福祉論(第2版)』誠信書房,2011年
小池由佳・山縣文治編著『社会的養護』ミネルヴァ書房,2010年
厚生労働統計協会編『国民の福祉の動向2011/2012』厚生労働統計協会,2011年
少年非行防止法制に関する研究会「少年非行防止法制の在り方について(提言)」
　2004年12月
『社会保障の手引き(平成22年1月改訂)施策の概要と基礎資料』中央法規,
　2010年
内閣府編『子ども・若者白書(平成22年版)』内閣府,2010年

XV

ひとり親家庭への支援サービス

1. ひとり親家庭への支援サービスとは

§1〕 ひとり親家庭とは

　ひとり親家庭とは，配偶者を死亡，離別などによって失った母親または父親のいずれかと，その子どもとからなる単身家庭のことを指しており，その形態は親の性別により母子家庭（母子世帯）と父子家庭（父子世帯）とに区別されている．

　ひとり親家庭という呼称は，「one parent family」の和訳であり，1974（昭和49）年の英国保健社会保障省発行の「ワンペアレントファミリーに関する委員会報告」において使用されたものが最初であった．この「one parent family」という概念が登場する以前は，両親のいる家庭を正常として，ひとり親家庭を「broken family」（欠損家庭）と称していた．同報告では，ひとり親家庭を一方的に問題のある状況として判断せず，両親家庭をトゥペアレントファミリー，ひとり親家庭をワンペアレントファミリーとし，両親のいる家庭と同様にひとり親家庭を家族の1つの形態であるとした．この考え方は，ひとり親家庭に対してあった差別的意識や偏見に対して価値観の転換を促し，中立的に捉えることの重要性を明確にしたといえる．

§2〕 母子家庭の現状

　現在，日本の有子家庭におけるひとり親家庭の割合は，厚生労働省が実施している「全国母子世帯等調査」によると，2003（平成15）年度で母子家庭が122万5,400世帯，父子家庭が17万3,800世帯と推定されている．子どものいる世帯が全国で約1,200万世帯であることから，ひとり親家庭の割合は，全体

の1割を超えていることになる．

　母子家庭とは，母子及び寡婦福祉法において，「配偶者のない女子」とその扶養すべき満20歳未満の児童からなる家庭と規定されている．「配偶者のない女子」とは，配偶者と死別・離別した女子であって，現に婚姻（婚姻の届出をしていないが，事実上婚姻関係と同様の事情にある場合を含む）をしていないものおよびこれに準ずる次の女子をいう（注：ここでいう配偶者には内縁関係の夫を含み，婚姻には内縁関係を含んでいる）．まず，母子家庭になった理由の推移をみると，戦後間もない1952（昭和27）年当時は，夫の戦病死などの死別母子世帯が80％と大部分を占めていたが，昭和1961（昭和36）年以降は死別の割合が減少していき，かわりに生別によるものが増加している．1983（昭和58）年の調査では，離婚による母子家庭が，はじめて死別による母子家庭を上回り，2006（平成18）年には離婚による母子家庭が約80％と大部分を占めている．こうした変化は，日本の離婚率が戦後最高を記録しつつあるなかで，子どものいる家庭においても離婚が増加していること，以前は収入などの差から父親が離婚後の親権者になる場合が多かったのに対し，現在は母親が親権者になっていることなどによるものと考えられる．

　現在，母子世帯になったときの母親の平均年齢は，2006（平成18）年の調査で31.2歳であり，年齢階層では30歳代が46.2％と最も多く占めており，続いて多い20歳代との合計では72.8％となっている．また，母子家庭における末子の年齢は，5.2歳となっており幼少の子どもを抱えたなかで母子家庭となっている状況がみえてくる．母子家庭になった時の母親の若年化傾向は年々進行しており，養育している子どもにおいても，より幼い子どもを抱えて生活している状況になっている．

　次に，就業状況をみると，母子家庭の母親の84.5％は就業しているが，このうち「臨時・パート」が最も多く43.6％となっており，次いで「常用雇用者」が42.5％となっている．この結果は，2003年の前回調査よりも「臨時・パート」が5.4％減少し，「常用雇用者」が3.3％増加しているが，まだまだ母子家

庭の母親が常用雇用につくことの難しさ，不況になったときでも継続して常用雇用として雇われていくことの難しさを表しているといえる．

　母子家庭の平均年間所得は，213万円となっており，一般世帯平均の563万円の半分にも満たない生活水準となっている．また，夫から養育費をもらっている家庭はわずか19％で，多くの母子世帯は，就労による収入と児童扶養手当によって生活しているのが現状である．そのため，生活に対して苦しいと感じている母親は約8割にものぼっている．このような生活苦の状況は，全世帯23.0％，高齢者世帯20.9％という状況と比べると大変比率が高くなっており深刻である．

　母子家庭の母親たちは，生活をしていくことの苦労だけではなく，子どもに対するさまざまな悩みも抱えている．子どもについて悩みのある世帯は6割を超えており，悩みの内容については，子どもの性別を問わず「教育・進学」が最も多く，次いで「しつけ」となっている．

　平均的な母子家庭の姿をみてみると，現代において女性が一人で子どもを育て，働き，生活していくことが容易でないことが理解されるだろう．常用就労の希望をもっていても，子育て期の女性を中途で採用する企業や事業所は少なく，現実はパートタイム労働（短時間労働者）や諸手当と内職等で生活を営まなければならない．雇用状況は悪いうえ，最も景気の影響を受けやすく，収入を補うために残業や複数の職場で働くといった状況のために子どもと過ごす時間も減少し，子育てについてもさまざまな悩みを抱えている．加えて，依然として伝統的な家族観に由来する差別や偏見も存在している状況もある．それぞれの母親は，生活状況が苦しいなか，懸命に子どもを育てている．国が少子化対策や子育て支援としてさまざまな施策を行うと同時に，ひとり親家庭への支援にも力を入れていかなければならない．

§3」父子家庭の現状

　父子家庭とは，20歳未満の未婚の子どもがいる配偶者のいない男性の単身

家庭のことである.2003(平成15)年の全国母子世帯等調査において父子家庭は,全国で17万3,800世帯で前回調査に比べ10,400世帯,6.4％の増加となっている.父子世帯数は,母子家庭の世帯数の約7分の1の数で,国民生活基礎調査の全世帯数との割合でみると0.4％となっている.父子家庭となった理由は,2006(平成18)年調査で母子家庭と同様に離婚が74.4％で,死別によるものは22.1％となっている.父親の平均年齢は,37.4歳となっており,年齢階級別でみると母子世帯と同様「30～39歳」が最も多いが,次に多い階級は「40～49歳」となっている.父子世帯の平均年間収入(平均世帯人員4.02人)は421万円(前回調査390万円)となっており,そのうち97.5％が就労しており,72.2％が常用の雇用者(事業主は16.5％)である.

　父子家庭においても悩みを抱えている家庭が7割を占め,母子家庭よりも多い状況である.悩みの内容については,男の子については「教育・進学」が最も多く,次いで「食事・栄養」となっており,女の子については「教育・進学」が最も多く,次いで「しつけ」となっている.このように父子家庭では,母子家庭が抱えるほど経済的問題は深刻ではないが,同じように子育てについて悩みを抱えている状況がある.とくに父子家庭の場合,悩みを抱えていても相談する相手がいないことが大きな問題となっている.母子家庭の場合,「相談相手あり」と回答のあった世帯の割合は76.9％となっているのに対して,父子家庭では59.4％となっており,母子世帯と比べて相談相手が少なく,家庭内で問題を抱え込んでいる状況がみえてくる.

　経済状況についても,不況やリストラ,離別時の慰謝料やローンなどの状況から,父子家庭においても経済的問題を抱えている場合も少なくない.また,父子家庭の場合,母子家庭を経済的に支えている児童扶養手当は適用が始まったばかりであるため,経済的問題を抱えているにもかかわらず受給を受けていないことも多い.

2. ひとり親家庭への支援サービスの現状

§1 母子及び寡婦福祉法

　戦後の日本の母子家庭への福祉施策として，1947（昭和22）年の児童福祉法制定による母子寮の設置，1949（昭和24）年の「母子福祉対策要綱」の決議による母子相談所の設置，1952（昭和27）年に制定された「母子福祉資金の貸付等に関する法律」が制定された．その後，1960（昭和35）年に国民年金法が創設され，その制度のなかに母子年金，母子福祉年金が設けられ，1962（昭和37）年には児童扶養手当制度が創設され，母子世帯の養育に経済的な支援が行われるようになった．経済的支援と共に，母子福祉はその関連する領域が多岐にわたっているため，実態に即した総合的な施策の推進が要望され，1964（昭和39）年に母子福祉法が誕生した．その後，子どもが成人した後も母親は収入，就業，健康などの生活問題を抱えることから，子どもが成人した後も母子同様に福祉サービスが受けられるよう法改正が行われ，1981（昭和56）年に「母子及び寡婦福祉法」として現行法となった（寡婦とは，配偶者のいない女子で，かつて1人で子どもを扶養していた者をいう．）．

　母子及び寡婦福祉法では，基本理念として「第2条　すべて母子家庭等には，児童が，その置かれている環境にかかわらず，心身ともに健やかに育成されるために必要な諸条件と，その母等の健康で文化的な生活とが保障されるものとする．②寡婦には，母子家庭等の母等に準じて健康で文化的な生活が保障されるものとする．」としている．この法律では，児童を20歳未満として規定し，具体的に母子自立支援員による生活相談，母子福祉資金の貸付，家庭生活支援員（ホームヘルパー）を派遣する事業，公共施設における売店等の優先許可，製造たばこ小売人の優先許可，公営住宅入居に関する特別配慮，保育所入所選考の際の特別な配慮，母子福祉施設での生活支援や生業支援，母子自立支援給付金などを行う．また，2002（平成14）年に一部改正が行われ，国は，母

子家庭および寡婦の生活の安定と向上のための措置に関する基本的な方針を策定し，これを受けて都道府県，市および福祉事務所設置町村において「母子及び寡婦自立促進計画」を策定している．

§2 母子相談

母子家庭に対する相談援助活動は，相談内容に応じて市町村，児童相談所，児童家庭支援センター，福祉事務所などがあたるが，その中心的役割を担うのが母子及び寡婦福祉法にて規定されている母子自立支援員である．母子自立支援員は福祉事務所に配置され，母子家庭の福祉に関するさまざまな相談，調査，指導を行っている．相談内容としては，母子・寡婦福祉資金，児童扶養手当などの生活援護に関する相談が多く，その他児童の養育や進学，住宅，就職，医療，精神的な問題まで多岐にわたる相談に対応している．

§3 母子福祉資金の貸付制度

母子家庭の所得を補い，経済的自立を図る制度として母子福祉資金の貸付制度があり，無利子または低利子で各種資金が貸し付けられている．1957（昭和32）年の開始当時の資金の種類は7種類であったが，年々必要に応じて新設，増額，償還期限の延長などの内容改善が行われてきている．現在，資金の種類は，事業開始資金，事業継続資金，技能習得資金，就職支度資金，修学資金，就学支度資金，住宅資金，転宅資金，医療介護資金，生活資金，修業資金，結婚資金，特例児童扶養資金の13種類になっている．この内，就職支度資金，就学支度資金，就業資金については児童本人への貸付が可能となっている．返済時の負担軽減のため貸付利率については，無利子もしくは低利の貸し付けとなっており，償還期限は貸付の種類により，3年以内のものから20年以内のものまでがある．なお，資金種類別貸付金額の割合は，修学資金が最も高く，続いて就学支度資金となっている．

§4〕 母子福祉関係施設

(1) 母子生活支援施設

母子生活支援施設は，児童福祉法の定める児童福祉施設として設置，運営されており，入所の申し込みのあった母子を入所させて保護するとともに，自立促進のための支援をする施設である．1956（昭和31）年に640か所あったものが，年々推移し2009（平成21）年で259か所が設置されており，4,056世帯が入所している．母子生活支援施設への入所理由は，近年，夫による暴力や児童への虐待などにより保護を必要とする母子が増えてきており，母子シェルターとして新たな機能と役割を果たしている．現在，母子生活支援施設では，母子の安全な生活を確保するために夜間警備の強化や心理療法担当職員の配置，虐待児童への支援などを行っていくことが必要となっている．

(2) 母子福祉センター

母子福祉センターは，母子及び寡婦福祉法に基づく母子福祉施設で，2009（平成21）年現在で59か所が設置されている．母子福祉センターは，各県（市）の母子対策を推進する中心機関として，母子家庭の生活全般にわたる各種の相談に応じ，生活指導および生業指導を行う等母子家庭の福祉のための便宜を総合的に供与する施設である．

(3) 母子休養ホーム

母子休養ホームは，母子及び寡婦福祉法に基づく母子福祉施設で，2009（平成21）年現在で3か所が設置されている．母子休養ホームは，保護の機会に恵まれない母子家庭に対して，無料または低額な料金でレクリエーションその他休養のための便宜を供与することを目的とする施設である．

§5〕 児童扶養手当制度

児童扶養手当制度は，父母の離婚などによって父または母と生計を同じくしていない児童が育成される家庭の生活の安定と自立の促進に寄与するため，当該児童について手当を支給し，児童の福祉の向上をはかることを目的とする制

度である．この制度は，1961（昭和36）年に制度化され，母子世帯やこれに準じる世帯の所得に対する支援として重要な役割を果たしている．以前は，母子家庭のみを対象としていた制度であったが，父子家庭においても生活に困窮している状況はあるため，2010年より父子家庭も対象となった．現在，母子家庭の増加により，児童扶養手当の受給者数は年々増加しており，1998年度末で62万5,127人だったものが，2010年度では103万8,240人となっている．

児童扶養手当の支給対象児童は，父または母と生計を同じくしていない18歳に達する日以後の最初の3月31日までの間にある児童（一定の障害の状態にある児童については20歳未満）である．実際に手当の支給を受けるのは，支給対象児童を監護しているひとり親，もしくは監護していない場合には養育者（児童と同居して監護して生計を維持する者）である．手当の額は，2011年度は対象児童1人の場合は月額4万1,550円，2人の場合は5,000円，3人目以降の場合は3,000円を加算した額となる．ただし，前年の収入が一定額以上ある場合には，手当額の一部を減じて支給される．

児童扶養手当は，母子家庭の多くが受給しており，家計を支える大事な収入源となっているが，2002（平成14）年の児童扶養手当法の改正により，5年以上児童扶養手当を受給している世帯で就労が可能であるにもかかわらず就労をしていない受給者については，2008年度から最大で半額削減されることとなった．なお，この改正が，生活に与える影響を緩和する観点から，手当額が減額となった方を対象に新たな貸付金（特例児童扶養資金）を設け，無利子の貸付を行うとしている．

§6 母子家庭への就業支援

母子家庭のための就業支援対策は，職業能力向上のための施策，就業相談，職業紹介などがあり，母子自立支援員，母子家庭等就業・自立支援センター，ハローワークなどを中心に支援の強化を図っている．子育てと生計を1人で支えている母子家庭の母は，就業面で不利な状況に置かれていることから，2003

(平成15) 年に「母子家庭の母就業の支援に関する特別措置法」が制定された．その内容は，就業支援施策の充実，母子福祉資金貸付金の貸付けに関する特別の配慮，民間事業に対する協力要請，母子福祉団体等の受注機会の増大への配慮などである．また，就職や転職，雇用の安定に向けて職業技能を身につけるために，教育訓練講座の受講や養成機関での修学などを希望する母子家庭の母親に対し，事前の就業相談を行い，講座の受講等が就職や雇用の安定のために必要と認められる場合に，自立支援教育訓練給付金・高等技能訓練促進費等を支給することもある．また，2006年度からは，新たにマザーズハローワークを設置し，ひとり親家庭のための就労支援の窓口としている．

§7】 日常生活支援事業

母子家庭や父子家庭，寡婦が，修学等の自立を促進するために必要な事由や疾病などの事由により，一時的に生活援助・保育サービスが必要な場合や，生活環境の激変により日常生活を営むのに支障が生じている場合に，家庭生活支援員を派遣して食事や身の回りの世話などを行う事業である．

§8】 父子家庭への支援

父子家庭の福祉施策は，児童相談所や福祉事務所（児童家庭相談室）を相談窓口とし，「母子及び寡婦福祉法」「児童福祉法」などに基づいて行われている．福祉施策の代表的なものとして，1982 (昭和57) 年から実施されている「父子家庭介護人派遣事業」がある．これは，介護人（ヘルパー）を派遣するもので，当初は父子家庭の父親が病気等の場合のみが対象であったが，その後子どもや同居の祖父母が病気の場合なども対象とされるようになった．

1990 (平成2) 年には，「家庭養育支援事業」として，父等が病気や出張などのように一時的に家庭での養育ができなくなるような場合に，児童養護施設で緊急一時保護をするショートステイや，1991 (平成元) 年には「父子家庭等児童夜間養護事業」として，子どもが下校後の時間から親が迎えに来るまでを児

童養護施設などで保護するトワイライトステイなどが整備されてきた．さらに，1996（平成8）年には「父子家庭等支援事業」として，家庭に大学生を派遣して，気軽に学習や悩みの相談，簡単な家事指導をする「児童訪問援助事業」(ホームフレンド事業)，父子家庭同士の交流を図る「派遣家庭情報事業」(派遣家庭ネットワーク事業)，制度，施策，情報等の周知を図る広報事業などが着手されている．

所得に対する支援として，児童扶養手当の適応といった大きな変化はあったものの，他にも，父子家庭に対する所得控除として，所得税（1981年），住民税（1982年）が創設されているが，母子家庭に比べ福祉施策としての援助が少ない状況であり，より一層の充実が求められている．

3. ひとり親家庭への支援サービスの課題

現在，自分らしい生活を求めて離婚し，あるいは未婚や非婚で出産し，そして，子どもを育てるといった考えもひとつの選択肢として認識されつつある．しかし，実際にひとり親家庭をスタートさせようとすると，現実は厳しく，自立して生活することの困難に直面する．100万世帯を超えるひとり親家庭が存在しているにもかかわらず，そのためのサービスや資源，環境があまりにも不足している現状にぶつかる．

そもそも，ひとり親家庭の抱える生活問題には，ひとり働きであるために経済的に厳しい状況になってしまうことが多いこと，子育てのため時間的な制約があることからくる常勤での就業の難しさといった大きな課題がある．また，ひとりで仕事と家事・育児の両立を行うことからくる心身の疲労，ひとり親家庭に対する偏見や差別からくる悩みやストレスの問題，社会資源やサービスがあったとしてもそれらを使うことへのスティグマ感，子どもを養育していくための人手の確保や保育所など社会資源の確保，子どもの教育のための費用など

さまざまな問題がある．

　日本では，これまでひとり親家庭への支援として母子及び寡婦福祉法を中心に，児童福祉法，国民年金法，児童手当法などによりさまざまな施策が講じられてきたが，いずれの施策を組み合わせたとしても，質的にも量的にも今日の多様化するひとり親家庭の福祉ニーズに十分対応できているとはいいがたい状況である．

　最後に，ひとり親家庭を支援するさまざまな制度は，生活保護制度における母子加算の廃止（現在は復活している）や児童扶養手当の削減などに代表されるように，常に社会情勢や経済状況に影響を受けやすいといえる．背景には，私たちの根深い差別感や関心の無さや無理解のため，制度的な弱さを抱えているといえる．ひとり親家庭の問題は，生活苦から始まり，児童虐待や自殺などの深刻な社会問題とも密接に結びついている．より一人ひとりの状況に合わせ，フォーマル・インフォーマルの支援を丁寧にケアマネジメントし，提供していくことのできる社会が必要である．いつの時代においても，安定的かつ発展的なひとり親家庭を支える制度や環境の構築が求められる．

参考文献
菊池正治・細井勇・柿本誠編著『児童福祉論』ミネルヴァ書房，2007年
井村圭壯・相澤譲治編著『社会福祉の基本体系（第4版）』勁草書房，2008年
吉澤英子・西郷泰之『改訂　児童家庭福祉論』光生館，2006年
社会福祉の動向編集委員会編集『社会福祉の動向2011』中央法規，2011年
厚生労働省「平成19年度版　母子家庭の母の就業の支援に関する年次報告」2007年
厚生労働省「平成18年度　全国母子世帯等調査結果報告」2008年

索　引

あ 行

愛染橋保育所……………………… 35
赤沢鐘美…………………………… 35
育自………………………………… 96
育成医療…………………………… 163
池上雪枝…………………………… 35
石井十次…………………………… 35
石井亮一…………………………… 35
一時預かり………………………… 81
一時保護…………………………… 136
1歳6か月健康診査……………… 104
逸脱行為…………………………… 170
医療型児童発達支援……………… 160
　　──センター ………………… 159
ウェルビーイング………………… 5,6
ウェルフェア……………………… 5
エミール…………………………… 2
エリザベス救貧法………………… 24
エレン・ケイ（Key, E.）………2,29
エンゼルプラン…………………… 6,17,89
延長保育…………………………… 79
オーエン（Owen, R.）…………… 24

か 行

家族再統合………………………… 137
家庭学校…………………………… 35
家庭的保育（保育ママ）………… 81
家庭的養護………………………… 144,149
家庭内暴力………………………… 131,138
感化法……………………………3,36
棄児養育米給与方………………… 34
虐待防止…………………………… 131
救護法……………………………34,37

休日保育…………………………… 79
居宅介護…………………………… 162
緊急保育対策等5か年事業……… 90
近代家族…………………………… 16
軍事扶助法………………………… 37
健康診査…………………………… 103
合計特殊出生率…………………14,40
厚生労働省………………………50,58
国際家族…………………………… 4
国際児童年………………………… 4
孤女学院…………………………… 35
子育て支援サービス……………… 88
子ども会…………………………… 125
子ども虐待………………… 130,132,137
子ども・子育て応援プラン…41,89,92
子ども・子育て新システム……92,96
子ども・子育てビジョン
　…………………………… 6,17,18,111
子どもの権利条約………………4,6,28
子どもの心の診療ネットワーク事業
　………………………………………110
子の権利…………………………… 8
雇用均等・児童家庭局…………50,58
今後の子育て支援のための施策の
　基本的方向について ………… 17

さ 行

財団法人児童健全育成推進財団…… 117
里親………………………………… 69
　　──委託……………………… 136
　　──制度……………………… 149
3歳児健康診査…………………… 105
四箇院……………………………… 32

次世代育成支援対策推進法……… 48,92
施設入所措置………………………… 136
施設養護………………………… 144,146
七分積立金制度…………………… 33
児童館…………………………… 64,119
児童家庭センター………………… 62
児童家庭福祉……………………… 4
　　——の理念 ……………………… 5
児童虐待相談対応件数…………… 132
児童虐待の防止等に関する法律…… 48
児童虐待防止法…………………… 37
児童健全育成対策………………… 117
児童厚生員………………………… 68
児童厚生施設…………………… 64,119
児童指導員………………………… 68
児童自立支援施設…………… 147,174
児童相談所……………………… 59,132
児童手当法………………………… 47
児童の遊びを指導する者………… 120
児童の権利宣言…………………… 28
児童の権利に関する条約………… 2,144
児童の権利に関する宣言………… 28
児童の世紀………………………… 29
児童売春，児童ポルノに関わる行
　　為等の処罰及び児童の保護など
　　に関する法律 ………………… 47
児童発達支援……………………… 159
　　——センター ………………… 159
児童福祉司……………………… 59,67
児童福祉審議会…………………… 51
児童福祉法…………… 3,5,44,116,144
　　——第1条 ……………………… 170
児童福祉六法……………………… 44
児童扶養手当制度………………… 186
児童扶養手当法…………………… 46
児童文化…………………………… 125

児童遊園……………………… 64,120
児童養護施設………………… 64,147
社会的養護…………………… 144,145
社会福祉主事……………………… 67
就学前の子どもに関する教育，保
　　育等の総合的な提供の推進に関
　　する法律 ………………………… 50
重症心身障害児施設……………… 66
重点的に推進すべき少子化対策の
　　具体的計画 …………………… 18
重点的に推進すべき少子化対策の
　　具体的実施計画について …… 40
恤救規則………………………… 3,34
出生数……………………………… 15
主任児童委員……………………… 61
巡回相談指導…………………… 166
障害児通所支援………………… 159
障害児入所施設………………… 157
障害児の定義…………………… 154
障害児福祉手当………………… 163
障害者手帳……………………… 161
小規模住居型児童養育事業…… 149
少子化……………………………… 14
　　——社会対策基本法 … 18,40,48,92
　　——社会対策推進基本方針 …… 90
　　——社会対策大綱 …………… 18
　　——社会対策大綱に基づく重点
　　施策の具体的実施計画について
　　…………………………………… 41
　　——対策 ……………………… 89
小児……………………………… 100
小児特定疾患児ピアカウンセリン
　　グ ……………………………… 166
小児慢性特定疾患児日常生活用具
　　給付事業 ……………………… 165
小児慢性特定疾患治療研究事業

索引 193

…………………………………	110,165	滝乃川学園…………………………	35
情緒障害児短期治療施設……………	148	立入調査……………………………	135
少年教護法…………………………	37	短期入所……………………………	162
少年サポートセンター………………	174	単身世帯……………………………	16
少年サポートチーム………………	174	治安警察法…………………………	36
少年非行……………………………	171	地域子育て支援拠点事業…………	138
少年法………………………………	170	知的障害児…………………………	155
自立援助ホーム……………………	149,174	──施設 …………………………	65
私立予備感化院（東京感化院）……	35	チルドレン・ファースト……………	6
新エンゼルプラン…………	18,40,89,91	特定不妊治療助成事業……………	110
親権………………………………	7,8,137	特定保育…………………………	79
──喪失宣告請求 ………………	136	特別児童扶養手当…………………	163
新生児訪問指導……………………	107	──等の支給に関する法律 ……	46
身体障害児…………………………	154	都道府県児童福祉審議会…………	51
身体障害者手帳……………………	161	留岡幸助……………………………	35
身体的虐待…………………………	130	ドメスティック・バイオレンス……	131
神道祈禱所…………………………	35		
心理的虐待…………………………	131	**な　行**	
健やか親子21 ………………………	102,111	難病患者居宅生活支援事業…………	164
性格形成学院………………………	24	難病患者等短期入所（ショートステイ）事業 ……………	164
静修学校……………………………	35		
精神障害者保険福祉手帳…………	161	難病患者等日常生活用具給付事業 …………………………………	165
精神障害のある児童………………	155		
精神通院医療………………………	163	難病患者等ホームヘルパー養成研修事業 ………………………	165
性的虐待……………………………	130		
世界児童憲章………………………	28	難病患者等ホームヘルプ事業………	164
ゼガン………………………………	35	難病の児童…………………………	155
全国母子世帯調査…………………	180	日常生活支援事業…………………	188
戦災孤児等保護対策要綱…………	38	日常生活用具………………………	162
		日本国憲法…………………………	44
た　行		乳児院……………………………	63,146
第一次ベビーブーム………………	14	乳児家庭全戸訪問事業…………	107,138
待機児童……………………………	82	乳児健康診査（乳児健診）…………	103
──ゼロ作戦 ……………………	91	乳児死亡率………………………	102,112
第二次ベビーブーム………………	14	認可外保育施設……………………	76
高瀬真卿……………………………	35	認可保育所…………………………	75

妊産婦死亡率…………………… 102,113
妊産婦訪問指導………………………… 106
妊娠高血圧症候群等の療養援護…… 110
妊娠の届出……………………………… 105
認定こども園…………………………… 77
妊婦健康診査（妊婦健診）………… 103
ネグレクト……………………………… 130
野口幽香………………………………… 35

は　行

バーナード（Barnard, J. J.）……… 25
　　──ホーム ………………………… 25
配偶者からの暴力及び被害者の保
　護に関する法律 …………………… 131
発達障害児……………………………… 155
母親クラブ……………………………… 124
非行少年………………………………… 170
ひとり親家庭…………………………… 180
病児・病後児保育……………………… 79
　　──事業 ………………………… 111
福祉型児童発達支援センター……… 159
福祉事務局……………………………… 60
福祉犯…………………………………… 172
父子家庭………………………… 182,188
平均世帯人員…………………………… 15
保育士…………………………………… 67
保育所……………………………… 63,72
　　──等訪問支援 ………………… 160
　　──と幼稚園の比較一覧 ……… 73
　　──保育指針 …………………… 75
放課後子ども教室推進事業………… 123
放課後子どもプラン………………… 121
放課後児童クラブ…………………… 122
放課後児童健全育成事業…………… 121
放課後等デイサービス……………… 160
保健指導……………………………… 105

保健所……………………………… 59,60
保健センター…………………………… 61
母子及び寡婦福祉法………… 46,181,184
母子家庭………………………… 180,181
母子休養ホーム……………………… 186
母子健康手帳………………………… 106
　　──の交付 ……………………… 105
母子生活支援施設……………… 148,186
母子相談……………………………… 185
母子福祉資金………………………… 185
母子福祉センター…………………… 186
母子保健支援サービス……………… 100
母子保健法……………………… 39,47
母子保護法……………………………… 37
母性…………………………………… 100
補装具………………………………… 162

ま　行

未熟児の訪問指導…………………… 107
未熟児養育医療……………………… 110
民生児童委員・主任児童委員……… 68
森嶋峰………………………………… 35

や　行

夜間保育……………………………… 79
山縣文治………………………………… 2
養育支援訪問事業……………… 108,138
養育米………………………………… 33
幼児健康診査（幼児健診）………… 104
幼稚園………………………………… 72
　　──における預かり保育 ……… 82
幼保一元化…………………………… 93
要保護児童対策地域協議会…… 133,134

ら　行

療育相談指導………………………… 166

療育手帳……………………… 161
療育の指導…………………… 165

ルーズベルト（Roosevelt, T.）…… 26
ルソー……………………………… 2

編著者紹介

井村圭壯（いむら・けいそう）
1955年生まれ
現　在　岡山県立大学教授．博士（社会福祉学）
主　書　『養老事業施設の形成と展開に関する研究』（西日本法規出版，2004年）
　　　　『戦前期石井記念愛染園に関する研究』（西日本法規出版，2004年）
　　　　『日本の養老院史』（学文社，2005年）
　　　　『日本社会福祉史』（勁草書房，2007年，編著）

相澤讓治（あいざわ・じょうじ）
1958年生まれ
現　在　神戸学院大学教授
主　書　『福祉職員のスキルアップ』（勁草書房，2005年）
　　　　『介護福祉実践論』（久美出版，2005年）
　　　　『スーパービジョンの方法』（相川書房，2006年）
　　　　『相談援助の基盤と専門職』（久美出版，2009年，共編著）

福祉分析シリーズ3　児童家庭福祉分析論
────理論と制度を基盤として

2012年2月10日　第一版第一刷発行

　　　　　　　　　　　編著者　井　村　圭　壯
　　　　　　　　　　　　　　　相　澤　讓　治
　　　　　　　　　　　発行者　田　中　千津子
　　　　　　　　　　　発行所　㈱　学　文　社
　　　　　　　　　　　　　　　東京都目黒区下目黒3-6-1
　　　　郵便番号153-0064　電話（03）3715-1501（代表）　振替00130-9-98842

乱丁・落丁本は，本社にてお取替え致します．印刷／株式会社亨有堂印刷所
定価は，カバー，売上げカードに表示してあります．〈検印省略〉

ISBN978-4-7620-2243-2

©2012 IMURA, Keiso & AIZAWA, Jyoji Printed in Japan

転載不許可　著作権法上での例外を除き，無断で複写複製（コピー）することは禁じられています．